# ACORDES ILUSTRADOS PARA
# GUITARRA

## ¡MÁS DE 400 ACORDES PARA GUITARRA A TODO COLOR!

## EL MEJOR LIBRO DE ACORDES PARA TODO GUITARRISTA

## A COLOR

Editor del Proyecto: Felipe Orozco
Fotografía por Randall Wallace
Diseño gráfico por Mark Bridges

Número de Pedido. AM982003
US International Standard Book Number: 0.8256.3357.5

Distribuidores Exclusivos:
**Music Sales Corporation**
257 Park Avenue South, New York, NY 10010 USA
**Music Sales Limited**
8/9 Frith Street, London W1D 3JB England
**Music Sales Pty. Limited**
120 Rothschild Street, Rosebery, Sydney, NSW 2018, Australia

*Impreso en los Estados Unidos de America por*
*Vicks Lithograph and Printing Corporation*

**Amsco Publications**
*New York/London/Paris/Sydney/Copenhagen/Madrid*
*Made in China*

# Diagramas de los Acordes

Los diagramas que se usan para ilustrar los acordes son muy fáciles de leer. Cada diagrama muestra una porción del diapasón de la guitarra. Las líneas verticales representan las cuerdas de la guitarra, las más gruesas ubicadas a la izquierda y las más delgadas a la derecha. Las líneas horizontales representan los trastes. La cejuela de la guitarra se representa con una línea horizontal gruesa en la parte superior del diagrama. Los circulos que aparecen en los diagramas ilustran dónde deberá de poner sus dedos. Una ✖ arriba de la cejuela indica que esa cuerda que no se debe tocar. Un O arriba de la cejuela indica que esa cuerda se debe de tocar al aire. Los circulos pequeños representan las notas opcionales. Los diagramas indican la posición de la tónica y la digitación sugerida para cada acorde. También se incluye una sección de acordes movibles.

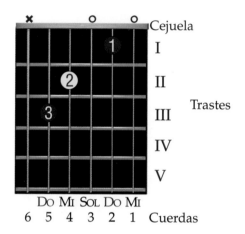

| | | | | | | | |
|---|---|---|---|---|---|---|---|
| Dedo Índice | ① |
| Dedo Medio | ② |
| Dedo Anular | ③ |
| Dedo Meñique | ④ |
| No tocar | ✖ |
| Cuerda al aire | o |
| Cejilla | |

# C

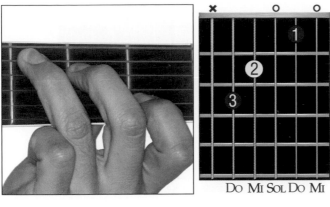

DO MI SOL DO MI

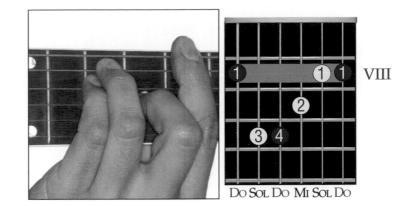

VIII

DO SOL DO MI SOL DO

# Csus4

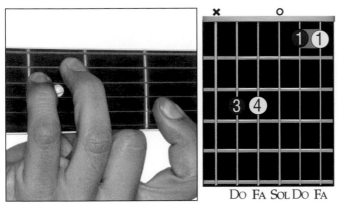

DO FA SOL DO FA

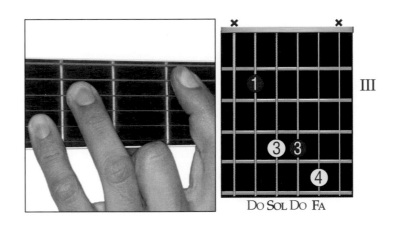

III

DO SOL DO FA

# C6

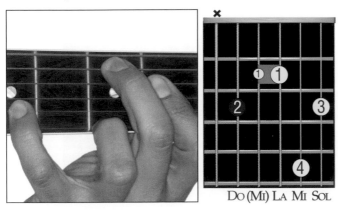

DO (MI) LA MI SOL

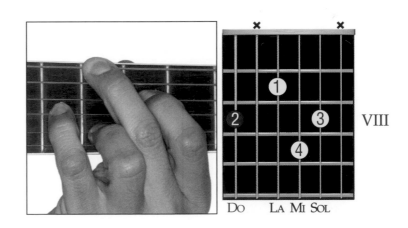

VIII

DO　LA MI SOL

# C 6⁄9

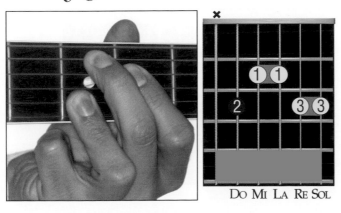

DO MI LA RE SOL

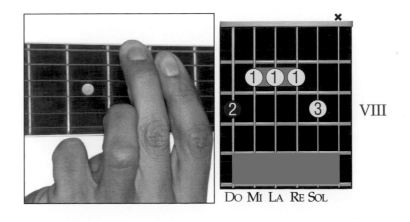

VIII

DO MI LA RE SOL

**Do**

# Cmaj7

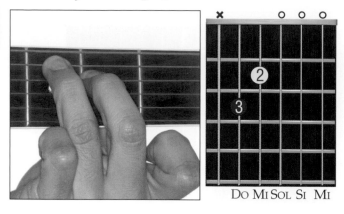

DO MI SOL SI MI

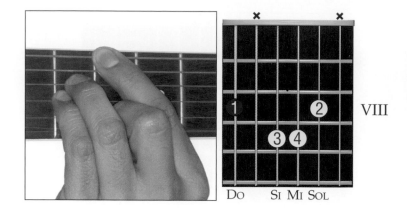

DO    SI MI SOL    VIII

# Cm

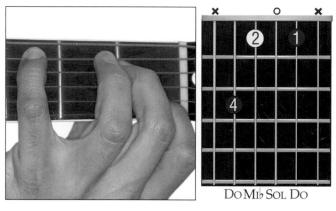

DO MIb SOL DO

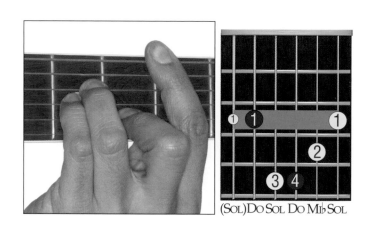

(SOL)DO SOL DO MIb SOL

# Cm6

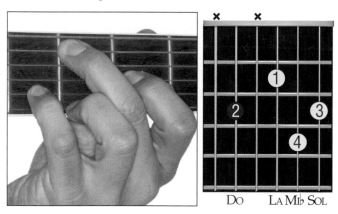

DO    LA MIb SOL

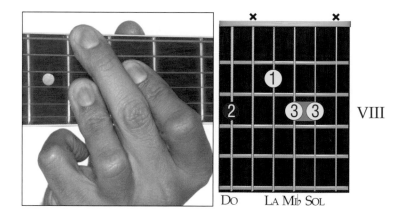

DO    LA MIb SOL    VIII

# Cm7

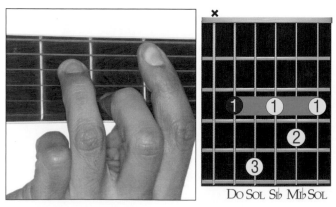

DO SOL SIb MIb SOL

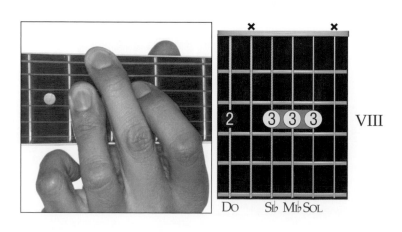

DO    SIb MIb SOL    VIII

# Cm(maj)7

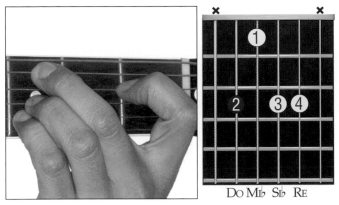
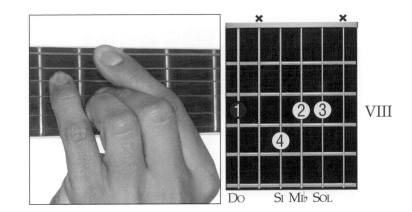

Do Mi♭ Sol Si

Do Si Mi♭ Sol

VIII

# Cm9

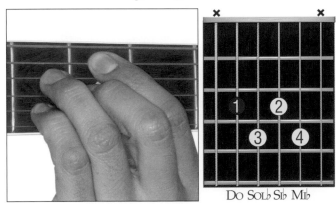
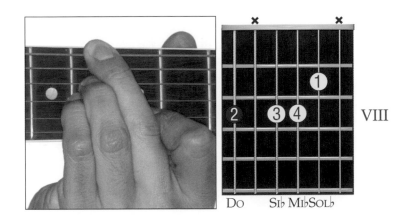

Do Mi♭ Si♭ Re

Do Si♭ Mi♭ Sol Re

VIII

# Cm7♭5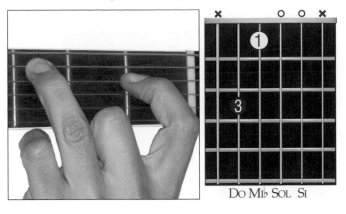

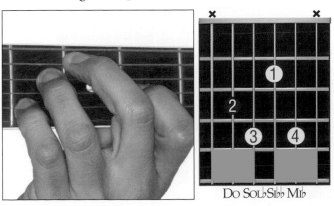
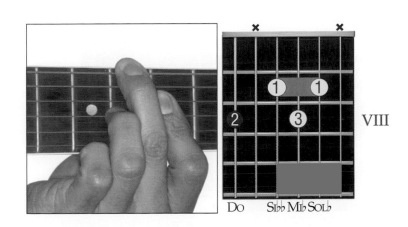

Do Sol♭ Si♭ Mi♭

Do Si♭ Mi♭ Sol♭

VIII

# C°7

Do Sol♭ Si♭♭ Mi♭

Do Si♭♭ Mi♭ Sol♭

VIII

# C7

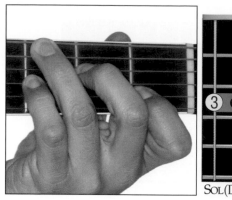
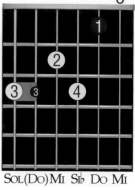
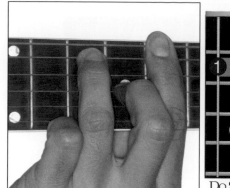
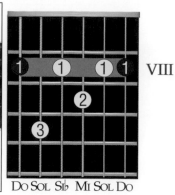

Sol (Do) Mi Sib Do Mi

Do Sol Sib Mi Sol Do

VIII

# C7sus4

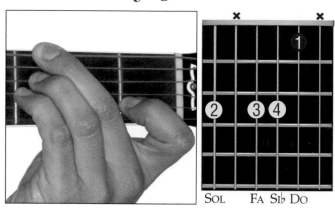
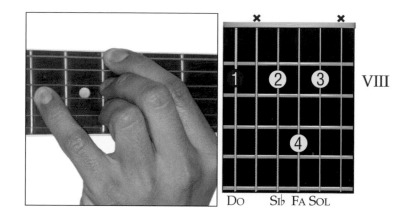

Sol Fa Sib Do

Do Sib Fa Sol

VIII

# C9

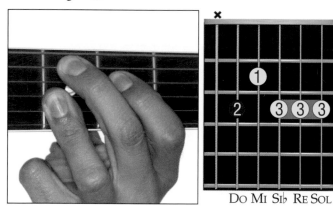
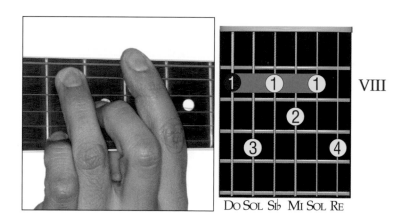

Do Mi Sib Re Sol

Do Sol Sib Mi Sol Re

VIII

# C9sus4

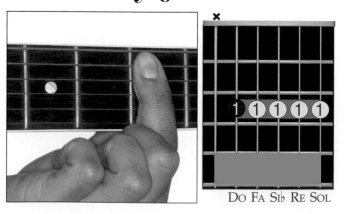
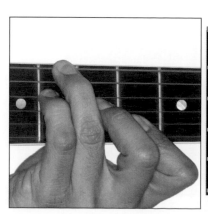
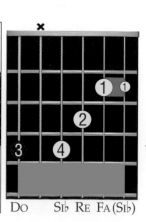

Do Fa Sib Re Sol

Do Sib Re Fa (Sib)

VIII

# C#

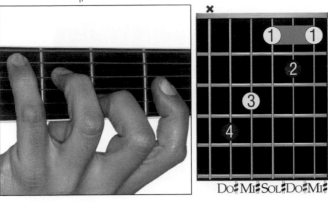

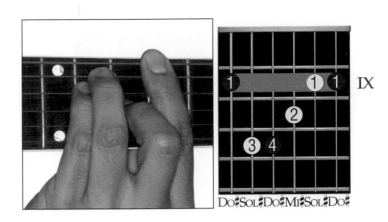

# C#sus4

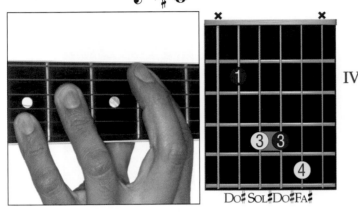

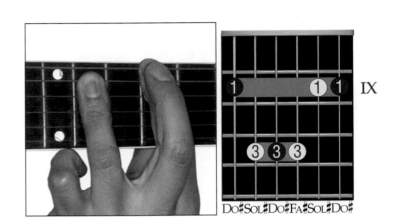

# C#6

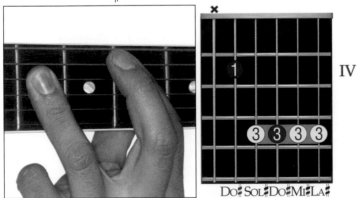

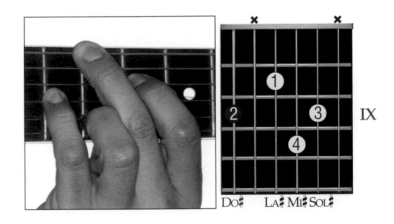

# C#6/9

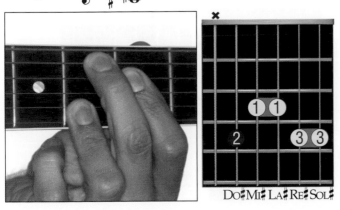

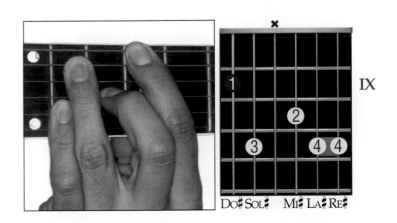

# C#maj7

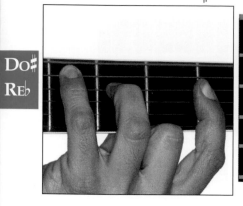
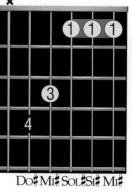
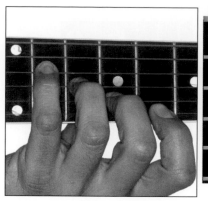
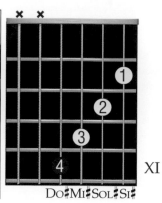

Do# Mi# Sol# Si# Mi

Do# Mi# Sol# Si#

XI

# C#m

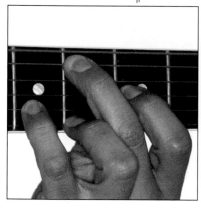
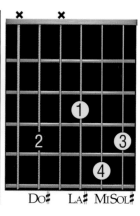
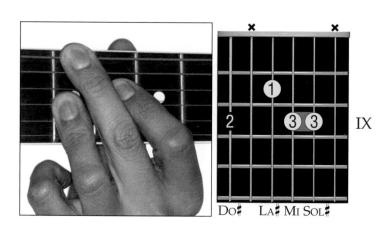

Do# Mi Sol# Do#

Do# Sol# Do# Mi Sol# Do#

IX

# C#m6

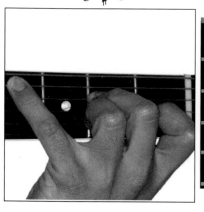
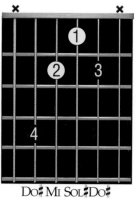
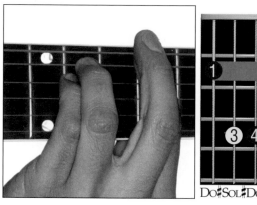

Do# La# Mi Sol#

Do# La# Mi Sol#

IX

# C#m7

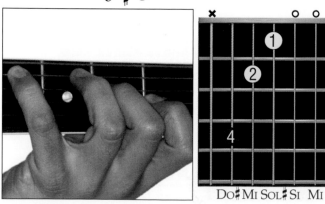
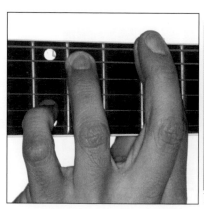
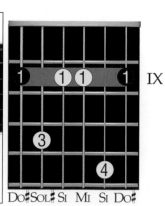

Do# Mi Sol# Si Mi

Do# Sol# Si Mi Si Do#

IX

# C♯m(maj7)

# C♯m9

# C♯m7♭5

# C♯°7

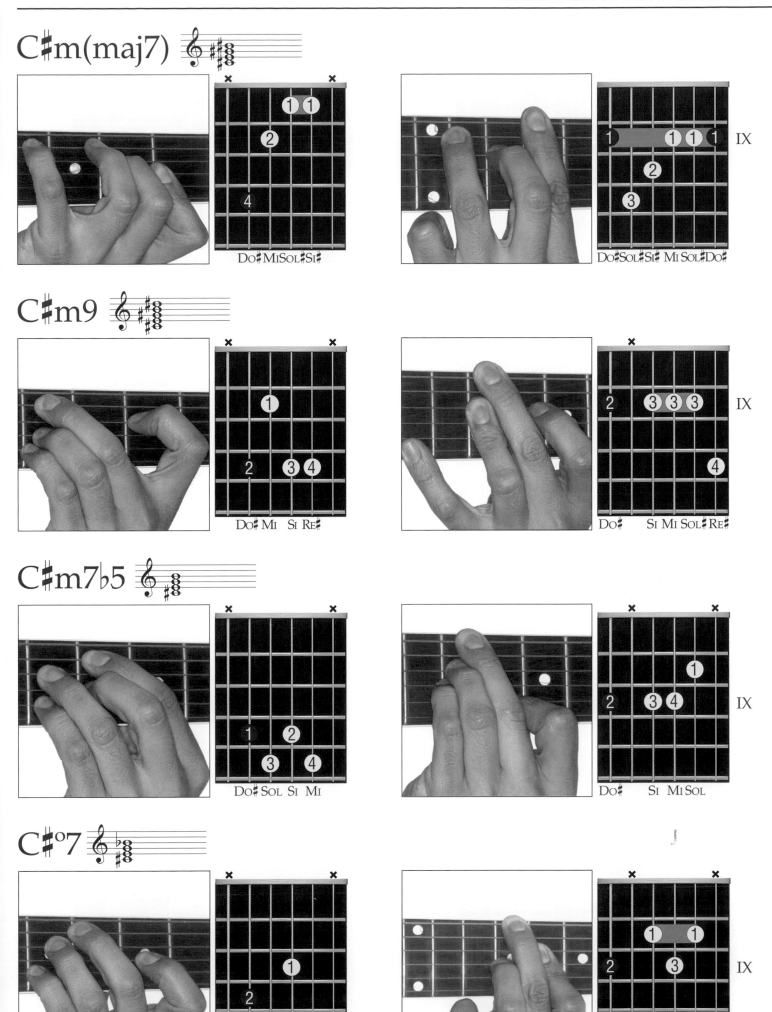

Do♯
Re♭

Do#
Re♭

# C#7

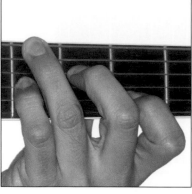
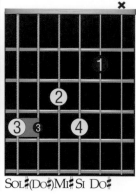

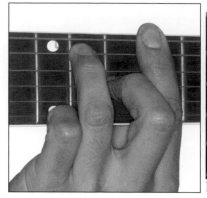
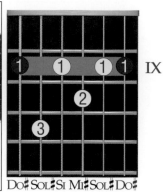

## C#7sus4

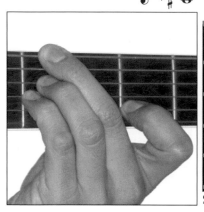
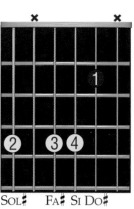

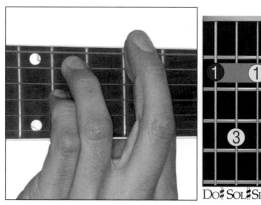
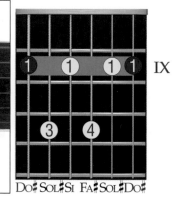

## C#9

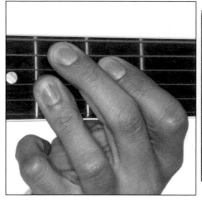
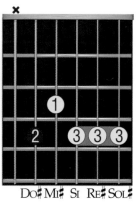

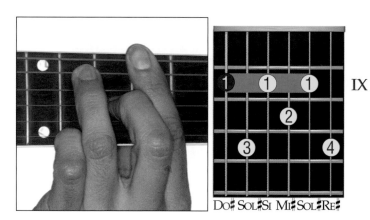

## C#9sus4

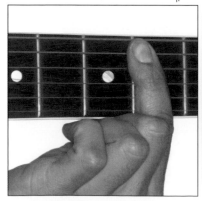
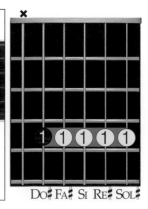

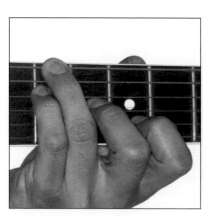
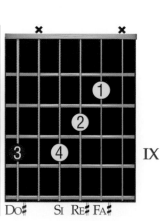

# D

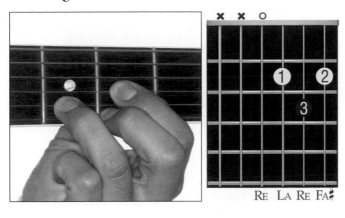

RE LA RE FA#

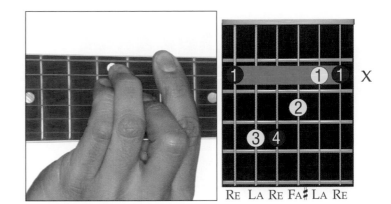

X

RE LA RE FA# LA RE

## Dsus4

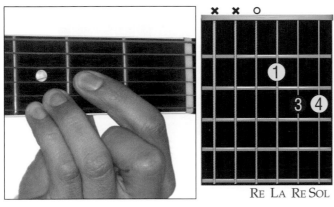

RE LA RE SOL

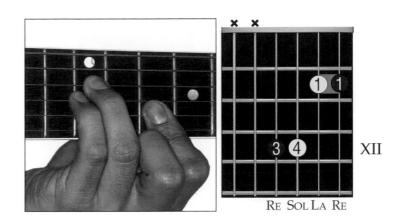

XII

RE SOL LA RE

## D6

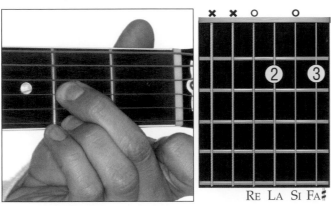

RE LA SI FA#

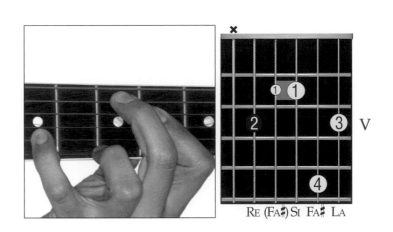

V

RE (FA#) SI FA# LA

## D 6/9

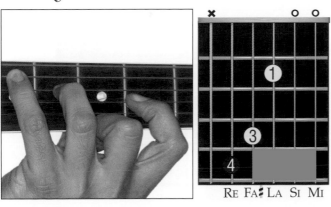

RE FA# LA SI MI

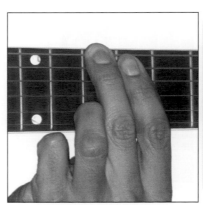

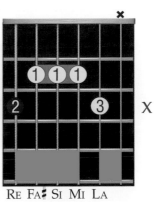

X

RE FA# SI MI LA

RE

**RE**

# Dmaj7

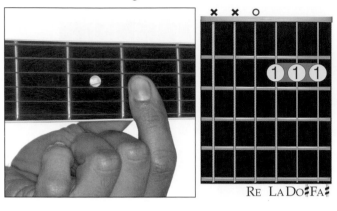

RE LA DO# FA#

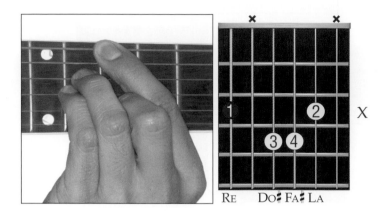

RE DO# FA# LA — X

# Dm

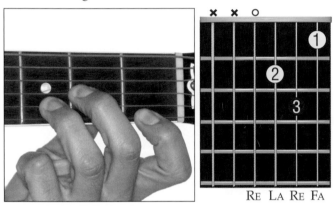

RE LA RE FA

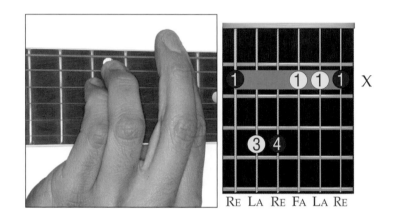

RE LA RE FA LA RE — X

# Dm6

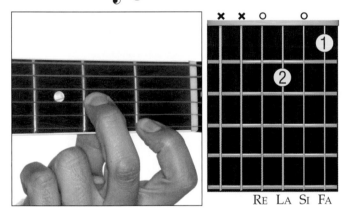

RE LA SI FA

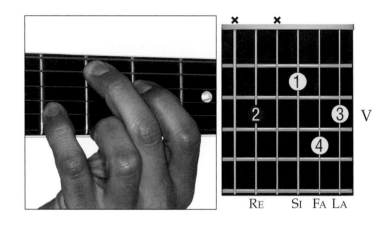

RE SI FA LA — V

# Dm7

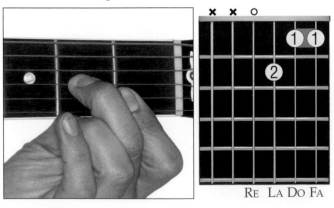

RE LA DO FA

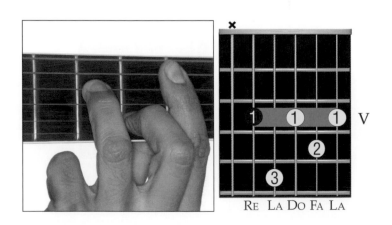

RE LA DO FA LA — V

# Dm(maj7)

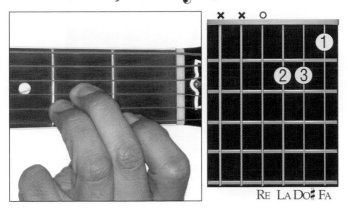

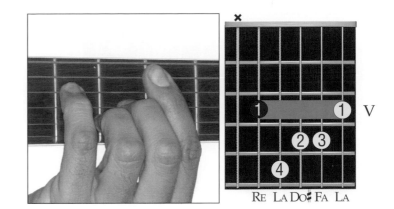

RE LA DO# FA

RE LA DO# FA LA

**RE**

# Dm9

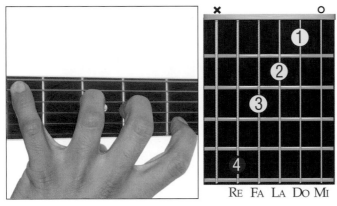

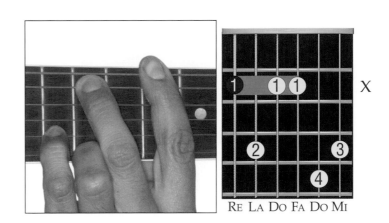

RE FA LA DO MI

RE LA DO FA DO MI

X

# Dm7♭5

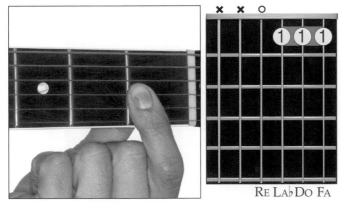

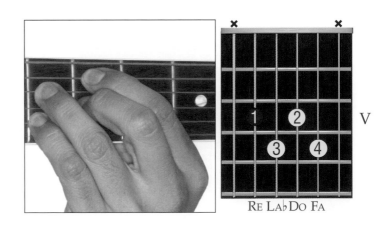

RE LA♭ DO FA

RE LA♭ DO FA

V

# D°7

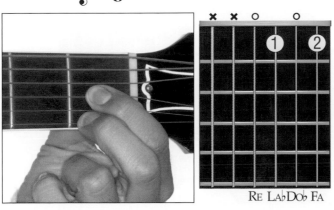

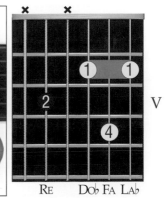

RE LA♭ DO♭ FA

RE DO♭ FA LA♭

V

**RE**

# D7 🎼 #𝄞

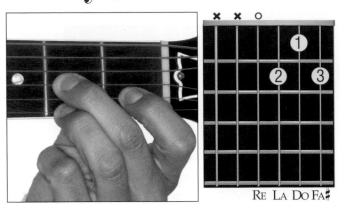

× × ○

① 
② ③

RE LA DO FA#

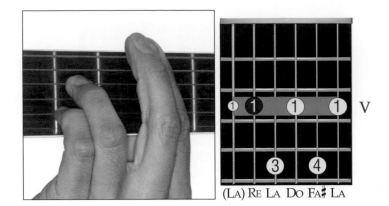

① ① ① ①  V

③ ④

(LA) RE LA DO FA# LA

# D7sus4 🎼

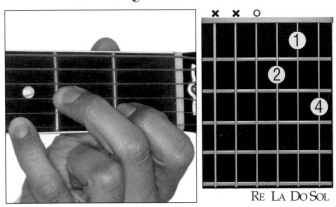

× × ○

①
②
④

RE LA DO SOL

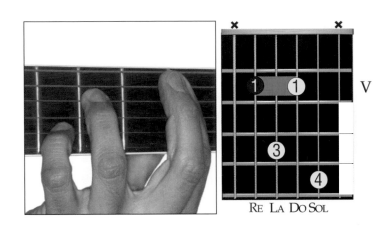

× ×

① ①  V

③

④

RE LA DO SOL

# D9 🎼 #

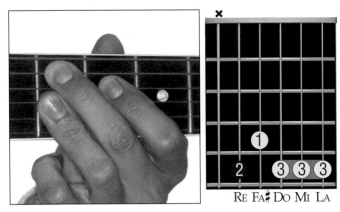

×

①

② ③ ③ ③

RE FA# DO MI LA

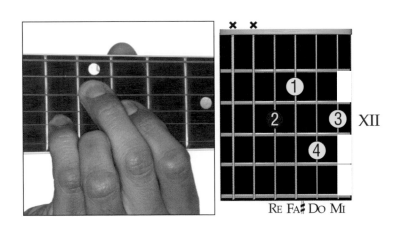

× ×

①

② ③  XII

④

RE FA# DO MI

# D9sus4 🎼

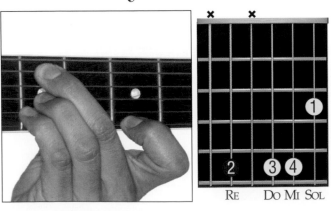

× ×

①

② ③ ④

RE    DO MI SOL

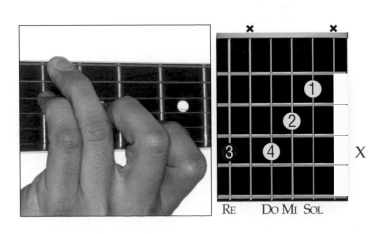

× ×

①

②

③ ④  X

RE    DO MI SOL

E♭

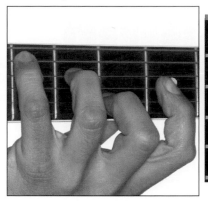 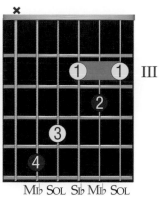

III

Mi♭ Sol Si♭ Mi♭ Sol

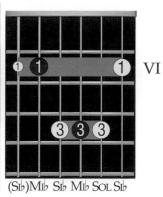

VI

(Si♭)Mi♭ Si♭ Mi♭ Sol Si♭

E♭sus4

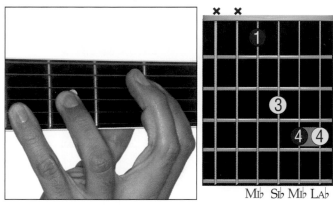

Mi♭ Si♭ Mi♭ La♭

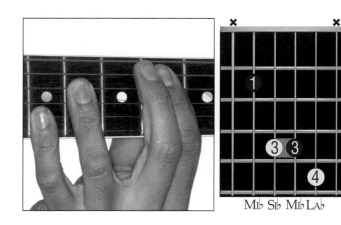

VI

Mi♭ Si♭ Mi♭ La♭

E♭6

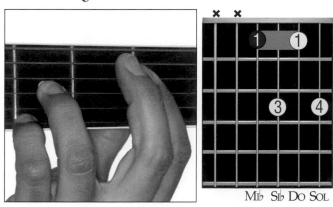

Mi♭ Si♭ Do Sol

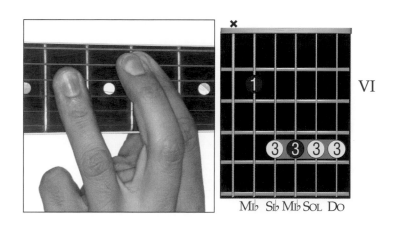

VI

Mi♭ Si♭ Mi♭ Sol Do

E♭⁶₉

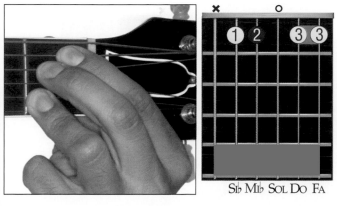

Si♭ Mi♭ Sol Do Fa

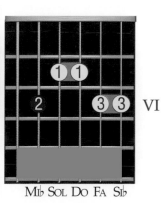

VI

Mi♭ Sol Do Fa Si♭

Mi♭
Re♯

Mɪ♭
Re♯

## E♭maj7

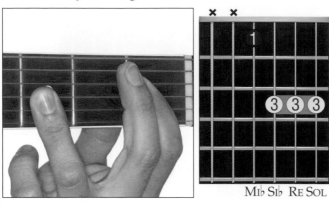

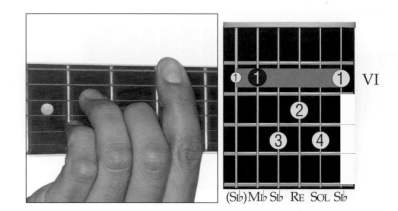

Mɪ♭ Sɪ♭ Re Sol

(Sɪ♭) Mɪ♭ Sɪ♭ Re Sol Sɪ♭    VI

## E♭m

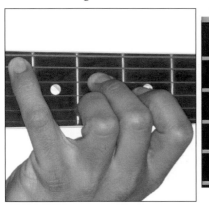

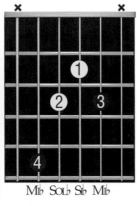

Mɪ♭ Sol♭ Sɪ♭ Mɪ♭    VI

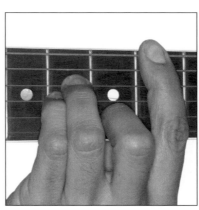

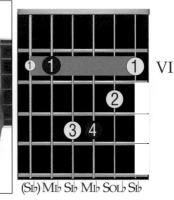

(Sɪ♭) Mɪ♭ Sɪ♭ Mɪ♭ Sol♭ Sɪ♭    VI

## E♭m6

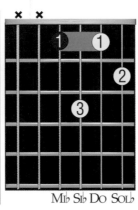

Mɪ♭ Sɪ♭ Do Sol♭

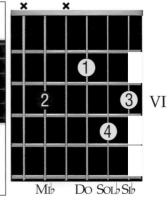

Mɪ♭ Do Sol♭ Sɪ♭    VI

## E♭m7

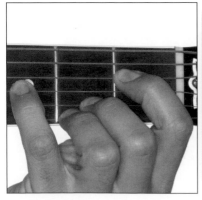

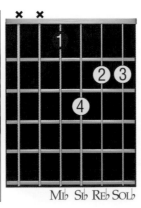

Mɪ♭ Sɪ♭ Re♭ Sol♭

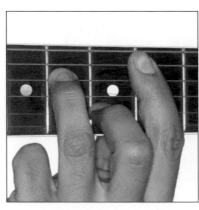

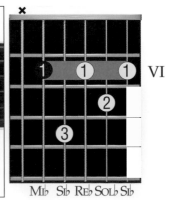

Mɪ♭ Sɪ♭ Re♭ Sol♭ Sɪ♭    VI

# E♭m(maj7)

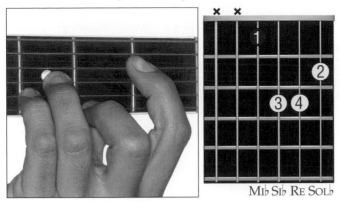

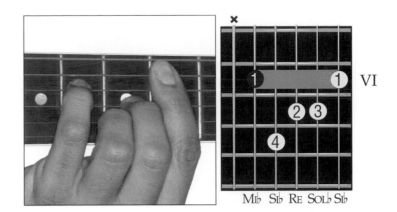

Mi♭ Si♭ Re Sol♭

Mi♭ Si♭ Re Sol♭ Si♭ — VI

# E♭m9

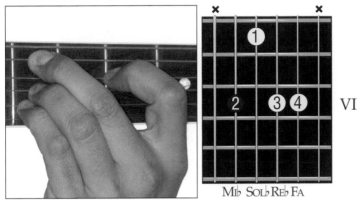

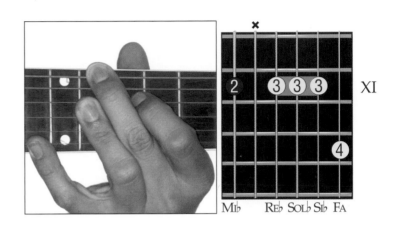

Mi♭ Sol♭ Re♭ Fa — VI

Mi♭ Re♭ Sol♭ Si♭ Fa — XI

# E♭m7♭5

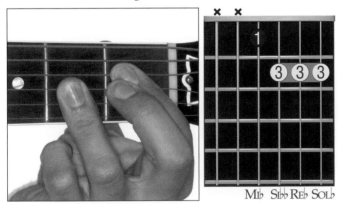

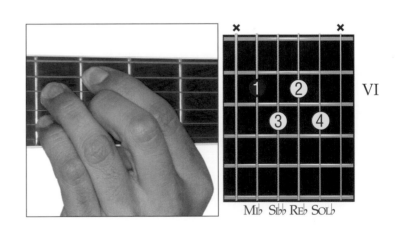

Mi♭ Si♭♭ Re♭ Sol♭

Mi♭ Si♭♭ Re♭ Sol♭ — VI

# E♭°7

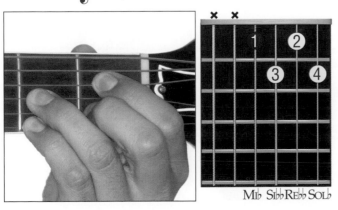

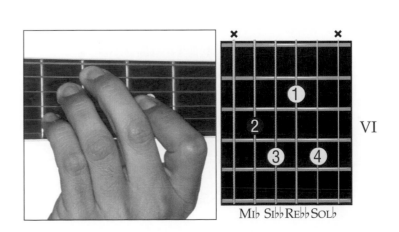

Mi♭ Si♭♭ Re♭♭ Sol♭

Mi♭ Si♭♭ Re♭♭ Sol♭ — VI

Mi♭
Re♯

# E♭7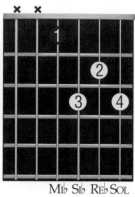

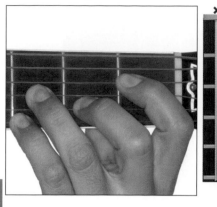
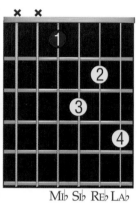

Mi♭ Si♭ Re♭ Sol

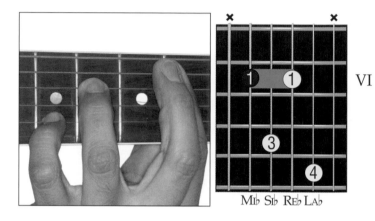

Mi♭ Si♭ Re♭ Sol Si♭

VI

# E♭7sus4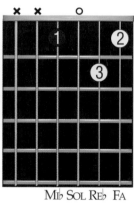

Mi♭ Si♭ Re♭ La♭

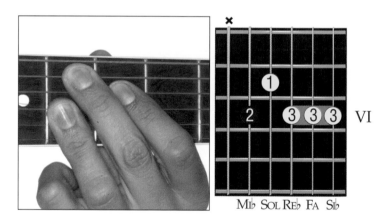

Mi♭ Si♭ Re♭ La♭

VI

# E♭9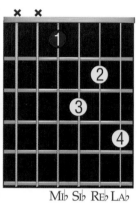

Mi♭ Sol Re♭ Fa

Mi♭ Sol Re♭ Fa Si♭

VI

# E♭9sus4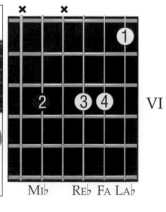

Mi♭ Re♭ Fa La♭

VI

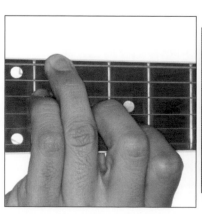
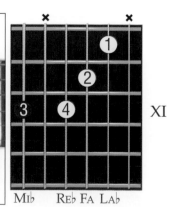

Mi♭ Re♭ Fa La♭

XI

# E

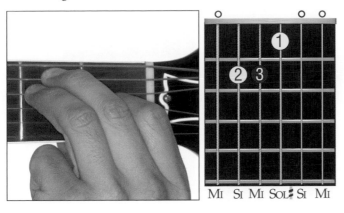

MI SI MI SOL# SI MI

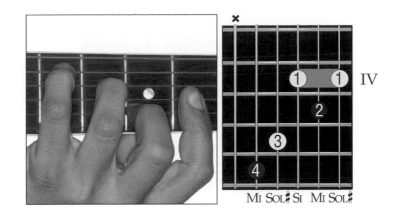

MI SOL# SI MI SOL#

IV

# Esus4

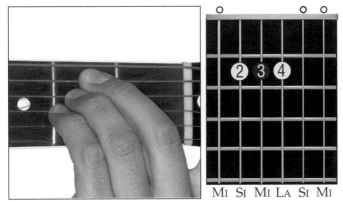

MI SI MI LA SI MI

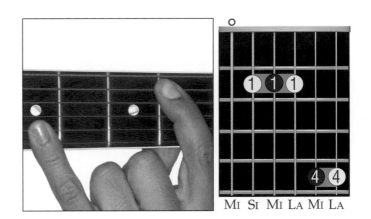

MI SI MI LA MI LA

# E6

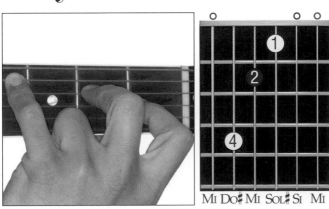

MI DO# MI SOL# SI MI

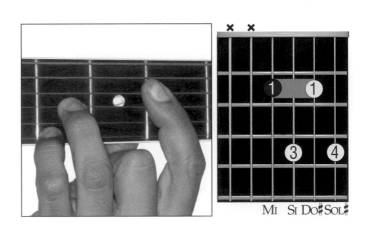

MI SI DO# SOL#

# E 6/9

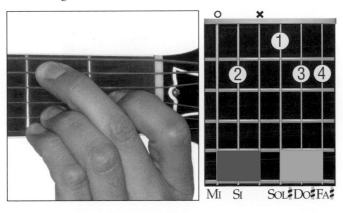

MI SI SOL# DO# FA#

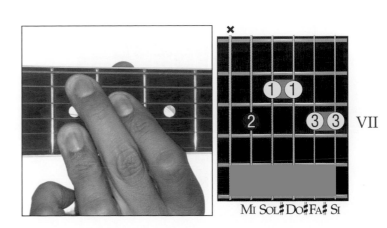

MI SOL# DO# FA# SI

VII

MI

**Mi**

## Emaj7

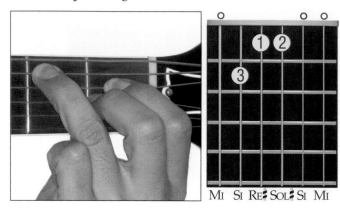

MI  SI  RE♯ SOL♯ SI  MI

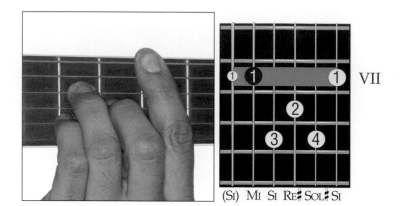

VII

(SI) MI  SI  RE♯ SOL♯ SI

## Em

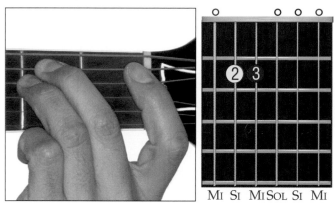

MI  SI  MI SOL SI  MI

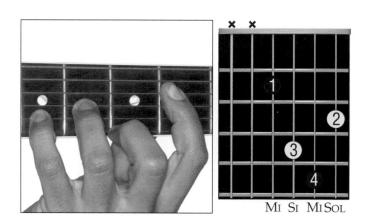

MI  SI  MI SOL

## Em6

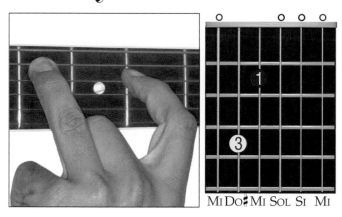

MI DO♯ MI SOL SI  MI

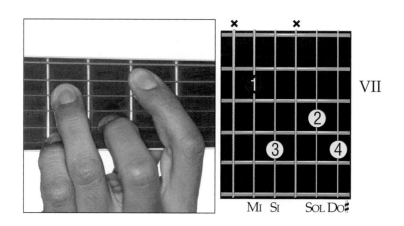

VII

MI  SI  SOL DO♯

## Em7

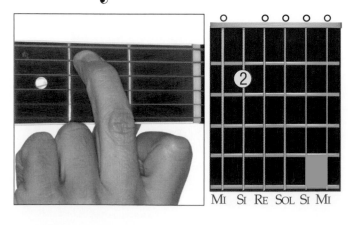

MI  SI  RE  SOL SI  MI

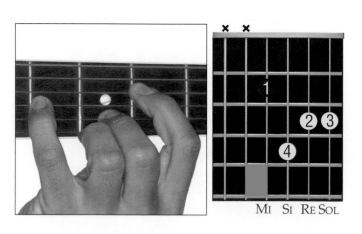

MI  SI  RE SOL

# Em(maj7)

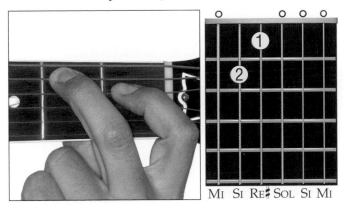

MI SI RE♯ SOL SI MI

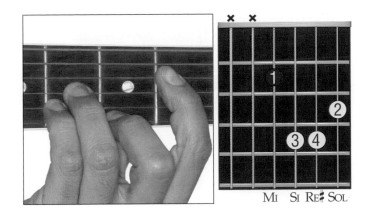

MI SI RE♯ SOL

# Em9

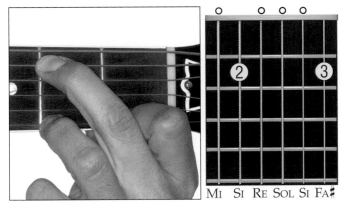

MI SI RE SOL SI FA♯

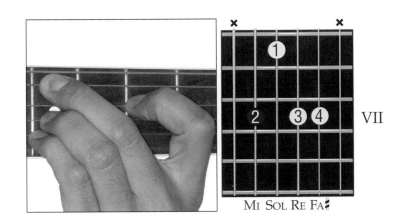

MI SOL RE FA♯          VII

# Em7♭5

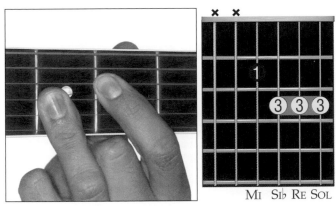

MI SI♭ RE SOL

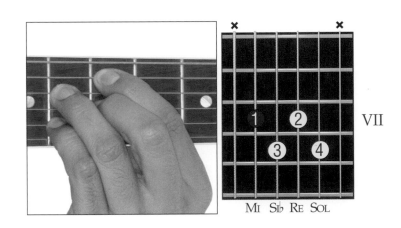

MI SI♭ RE SOL          VII

# E°7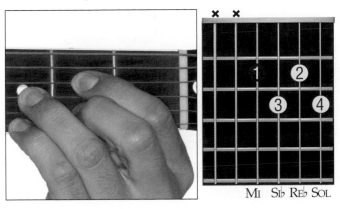

MI SI♭ RE♭ SOL

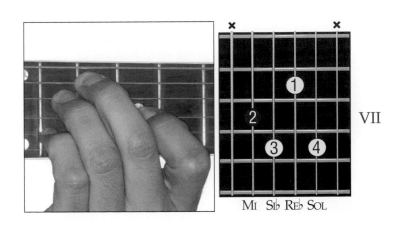

MI SI♭ RE♭ SOL          VII

MI

# E7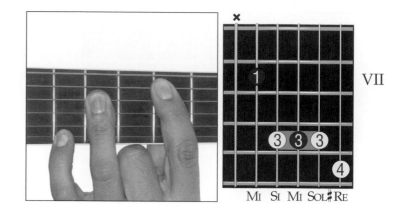

MI

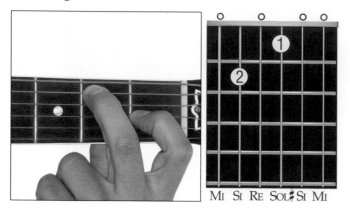

MI SI RE SOL# SI MI

MI SI MI SOL# RE — VII

# E7sus4

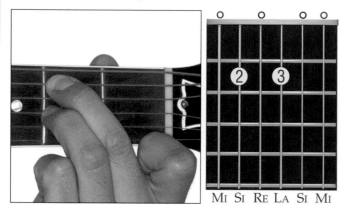

MI SI RE LA SI MI

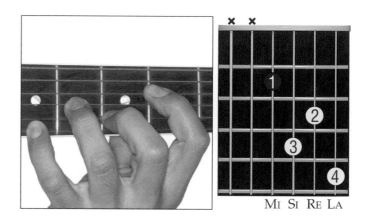

MI SI RE LA

# E9

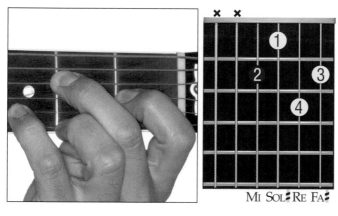

MI SOL# RE FA#

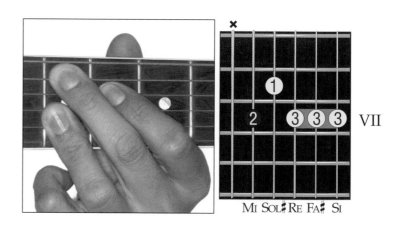

MI SOL# RE FA# SI — VII

# E9sus4

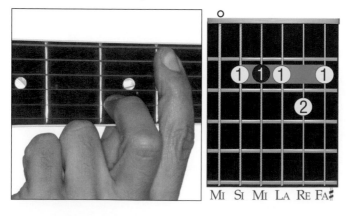

MI SI MI LA RE FA#

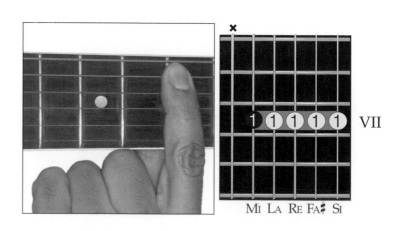

MI LA RE FA# SI — VII

# F

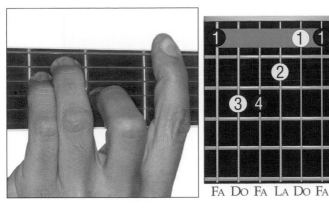

FA DO FA LA DO FA

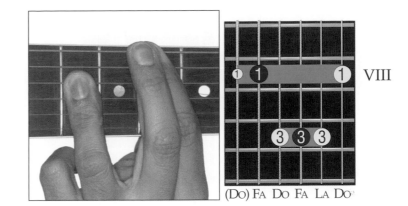

(DO) FA DO FA LA DO

VIII

# Fsus4

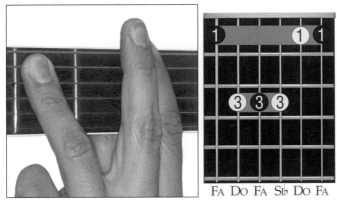

FA DO FA SI♭ DO FA

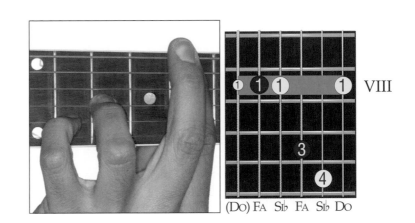

(DO) FA SI♭ FA SI♭ DO

VIII

FA

# F6

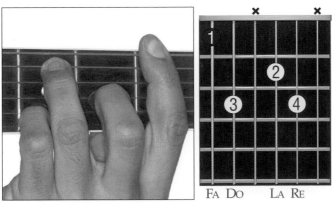

FA DO LA RE

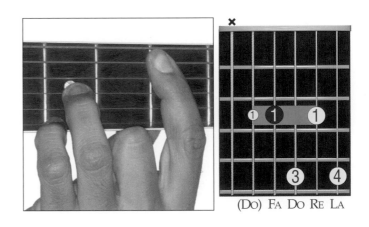

(DO) FA DO RE LA

# F⁶₉

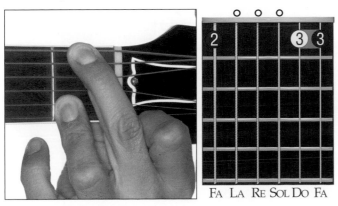

FA LA RE SOL DO FA

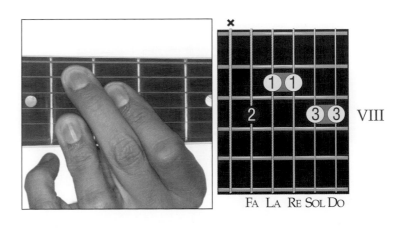

FA LA RE SOL DO

VIII

# Fmaj7

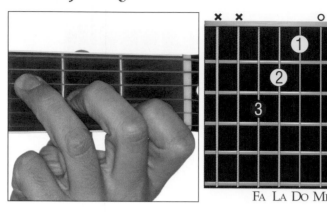

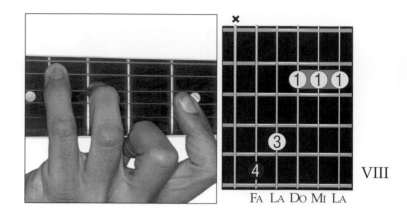

# Fm

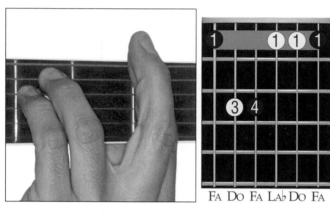

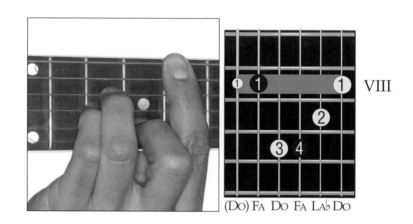

# Fm6 

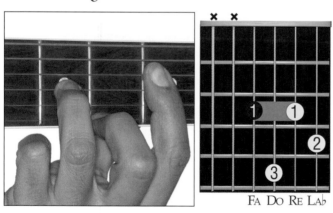

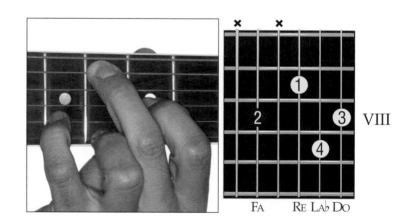

# Fm7 

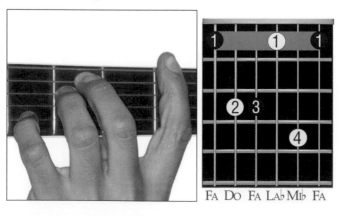

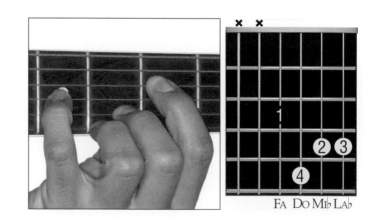

# Fm(maj7)

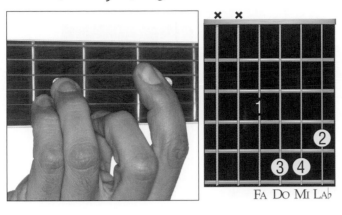

FA DO MI LA♭

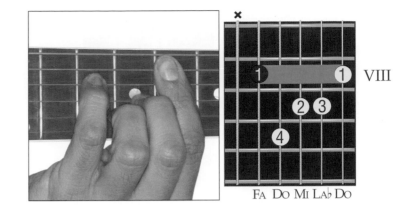

VIII

FA DO MI LA♭ DO

# Fm9

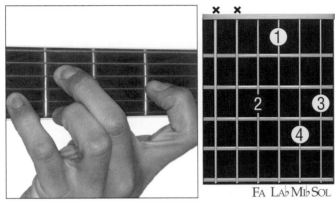

FA LA♭ MI♭ SOL

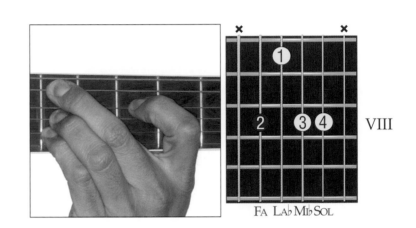

VIII

FA LA♭ MI♭ SOL

# Fm7♭5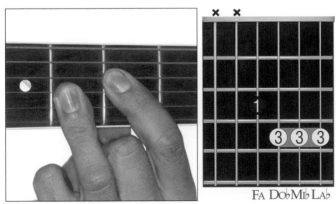

FA DO♭ MI♭ LA♭

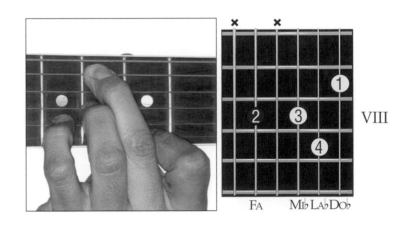

VIII

FA    MI♭ LA♭ DO♭

# F°7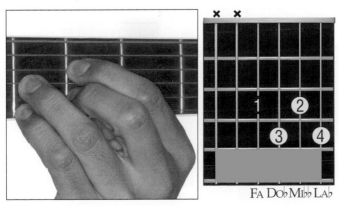

FA DO♭ MI♭♭ LA♭

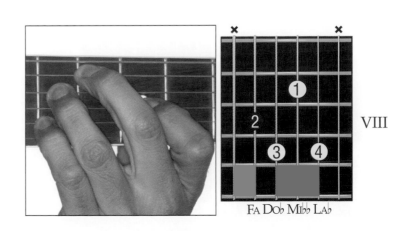

VIII

FA DO♭ MI♭♭ LA♭

FA

# F7

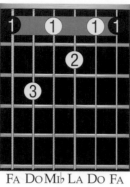

FA DO MI♭ LA DO FA

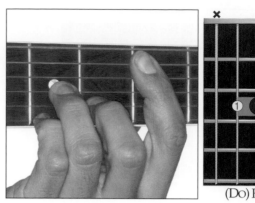
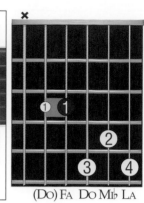

(DO) FA DO MI♭ LA

# F7sus4

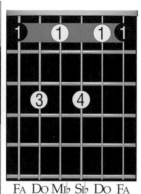

FA DO MI♭ SI♭ DO FA

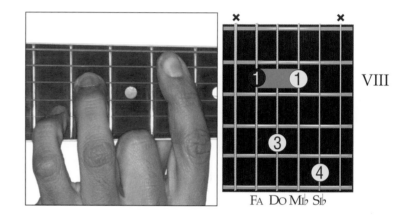

FA DO MI♭ SI♭

VIII

# F9

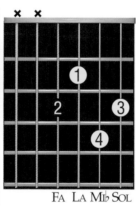

FA LA MI♭ SOL

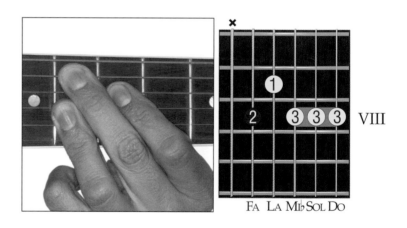

FA LA MI♭ SOL DO

VIII

# F9sus4

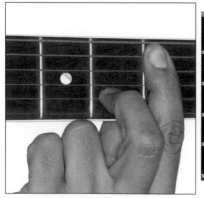
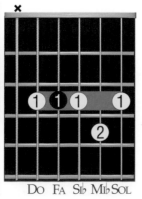

DO FA SI♭ MI♭ SOL

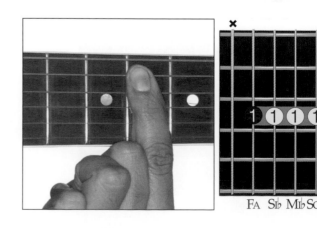

FA SI♭ MI♭ SOL DO

VIII

FA

# F♯

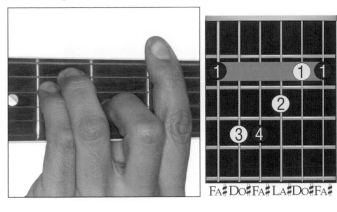

FA♯DO♯FA♯LA♯DO♯FA♯

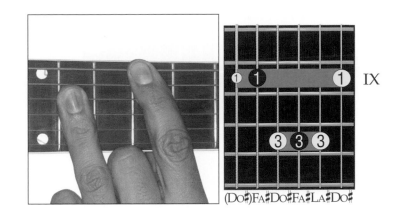

(DO♯)FA♯DO♯FA♯LA♯DO♯   IX

# F♯sus4

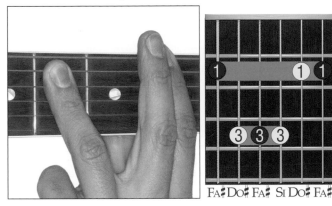

FA♯DO♯FA♯SI DO♯FA♯

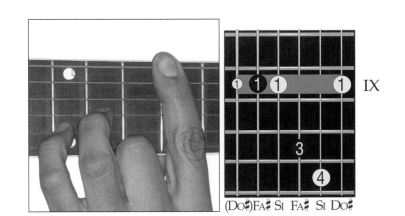

(DO♯)FA♯ SI FA♯ SI DO♯   IX

FA♯
SOL♭

# F♯6

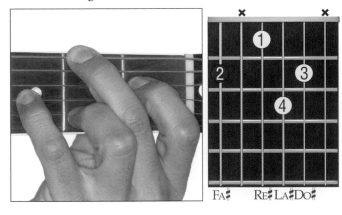

FA♯   RE♯LA♯DO♯

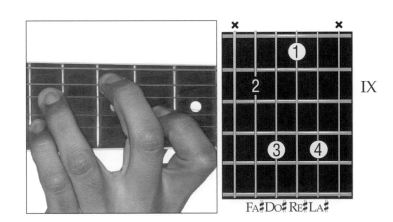

FA♯DO♯RE♯LA♯   IX

# F♯⁶₉

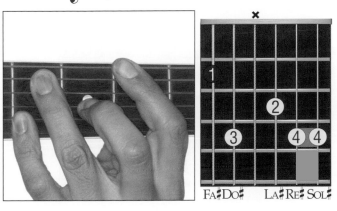

FA♯DO♯   LA♯RE♯SOL♯

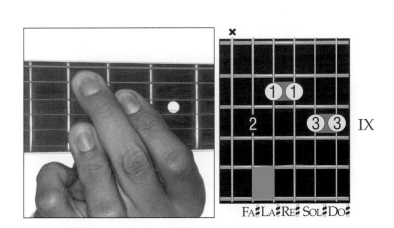

FA♯LA♯RE♯SOL♯DO♯   IX

# F#maj7

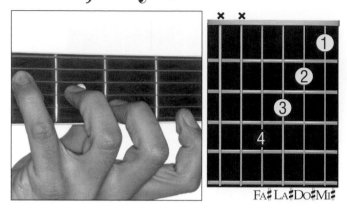

FA# LA# DO# MI#

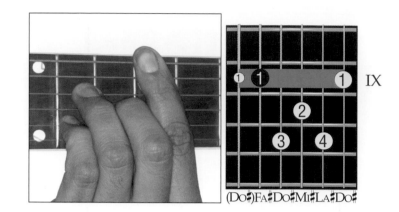

(DO#)FA#DO#MI#LA#DO#

# F#m

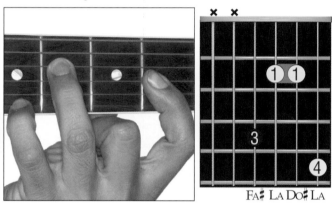

FA# LA DO# LA

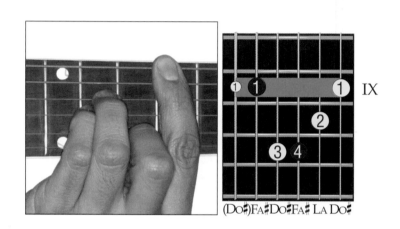

(DO#)FA#DO#FA# LA DO#

# F#m6 &#8°

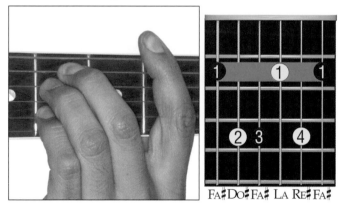

FA#DO#FA# LA RE#FA#

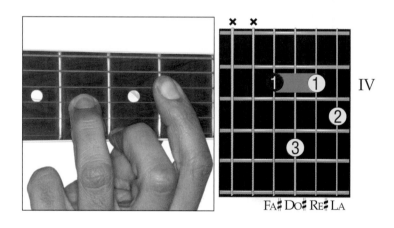

FA# DO# RE# LA

# F#m7 &#8

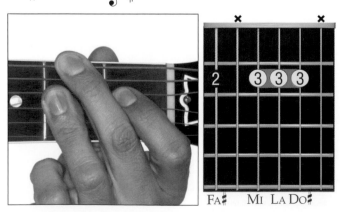

FA#    MI LA DO#

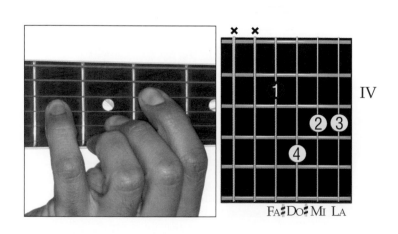

FA#DO#MI LA

FA#
SOLb

# F#m(maj7)

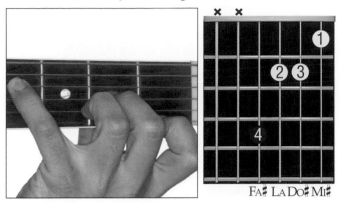

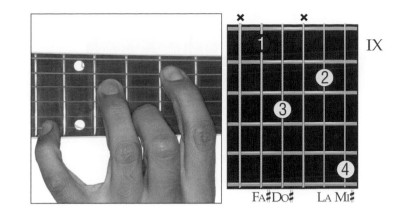

# F#m9

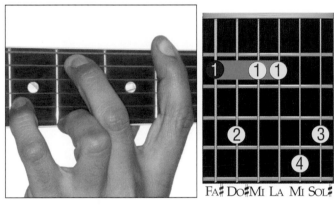

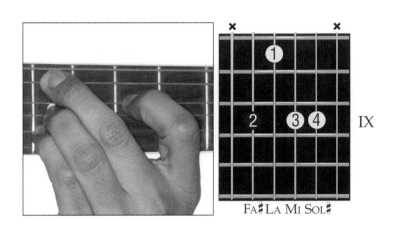

# F#m7♭5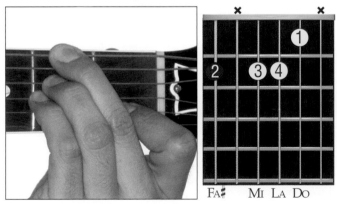

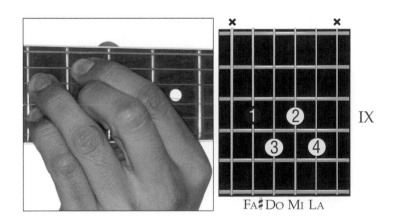

# F#°7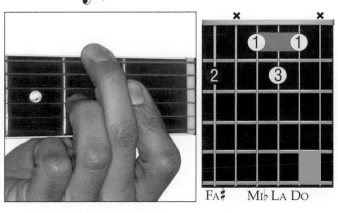

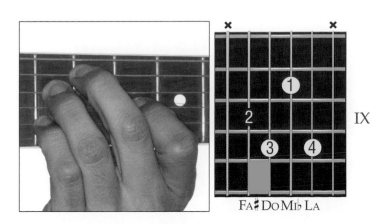

FA#
SOL♭

# F#7

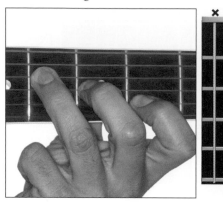
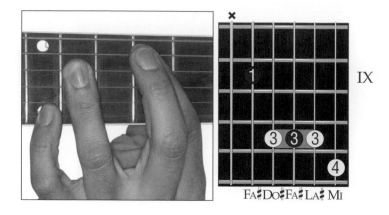

FA# LA# DO# MI      FA# DO# FA# LA# MI    IX

# F#7sus4

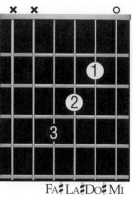
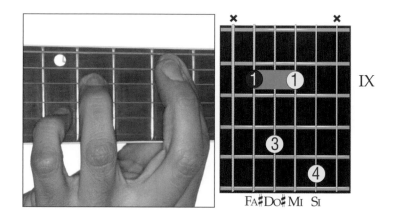

FA# DO# MI SI DO# FA#      FA# DO# MI SI    IX

# F#9

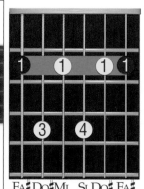
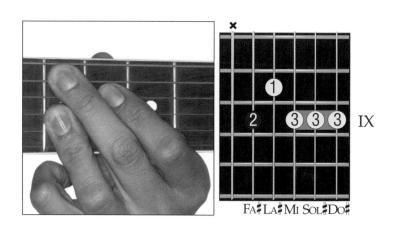

FA# DO# MI LA# DO# SOL#      FA# LA# MI SOL# DO#    IX

# F#9sus4

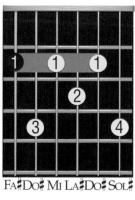
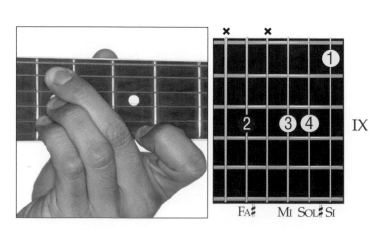

DO# FA# SI MI SOL#      FA# MI SOL# SI    IX

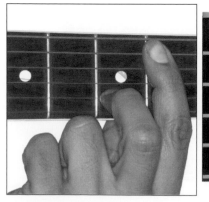

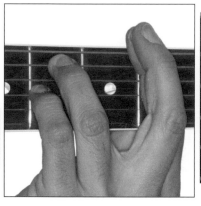
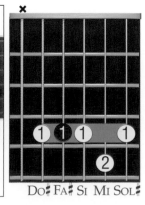

# G

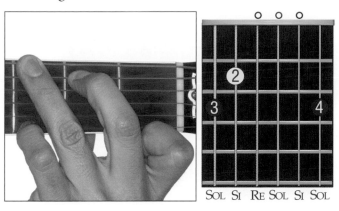

SOL SI RE SOL SI SOL

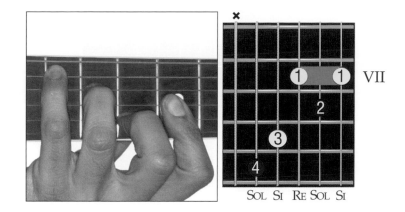

VII

SOL SI RE SOL SI

# Gsus4

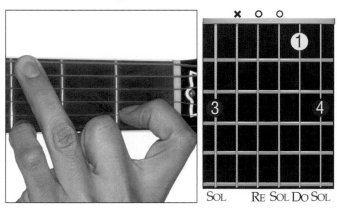

SOL RE SOL DO SOL

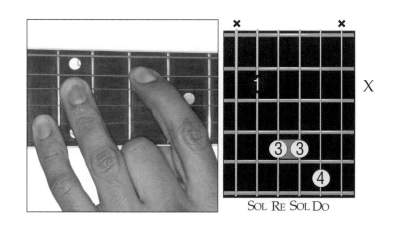

X

SOL RE SOL DO

SOL

# G6

SOL SI RE SOL SI MI

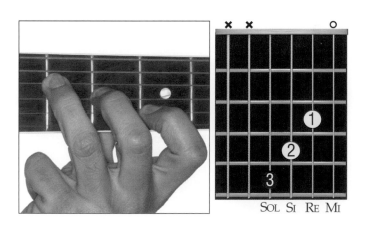

SOL SI RE MI

# G $\frac{6}{9}$

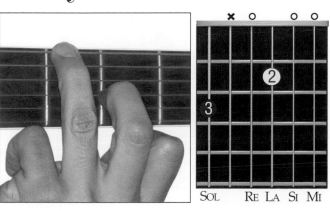

SOL RE LA SI MI

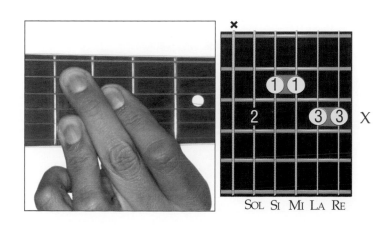

X

SOL SI MI LA RE

# Gmaj7

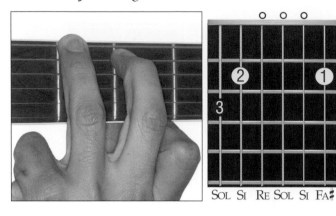

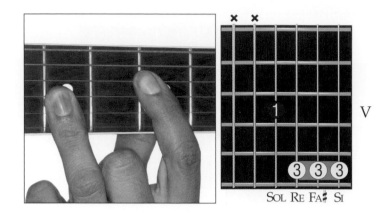

SOL SI RE SOL SI FA♯

SOL RE FA♯ SI

V

# Gm

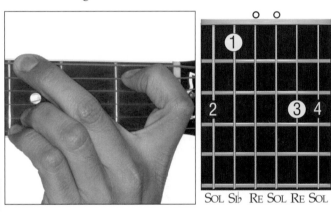

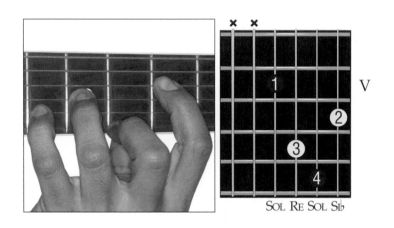

SOL SI♭ RE SOL RE SOL

SOL RE SOL SI♭

V

**SOL**

# Gm6

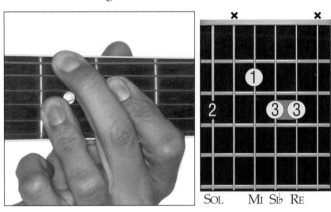

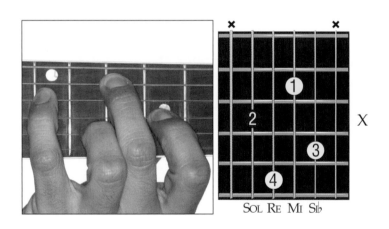

SOL MI SI♭ RE

SOL RE MI SI♭

X

# Gm7

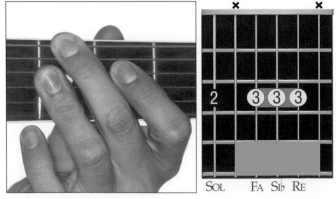

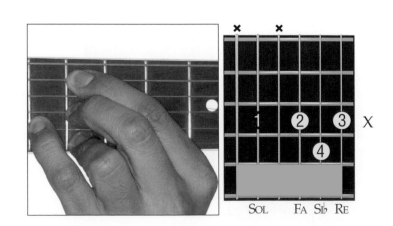

SOL FA SI♭ RE

SOL FA SI♭ RE

X

# Gm(maj7)

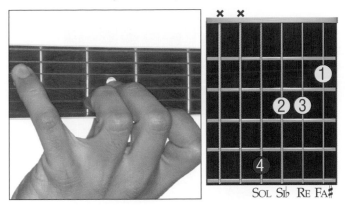

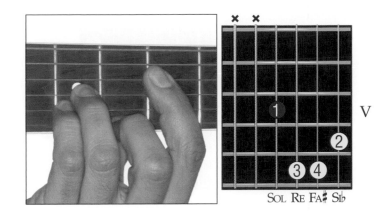

Sol Sib Re Fa#

Sol Re Fa# Sib

V

# Gm9

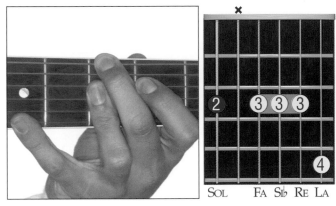

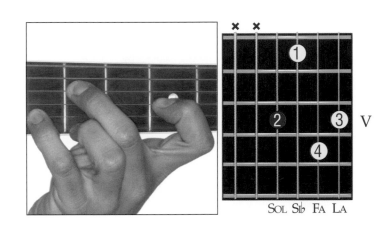

Sol Fa Sib Re La

Sol Sib Fa La

V

**SOL**

# Gm7b5

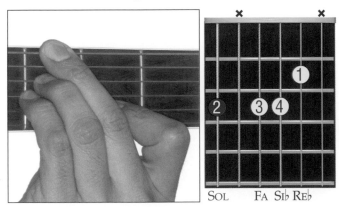

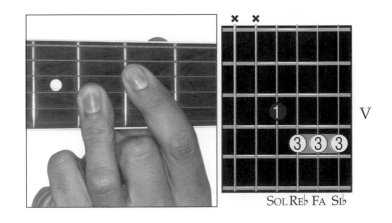

Sol Fa Sib Reb

Sol Reb Fa Sib

V

# Gº7

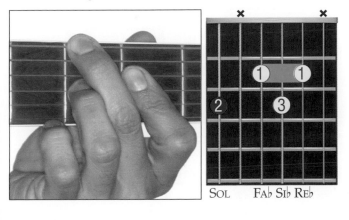

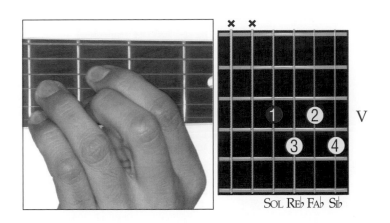

Sol Fab Sib Reb

Sol Reb Fab Sib

V

# G7

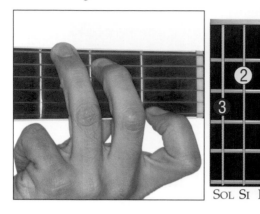

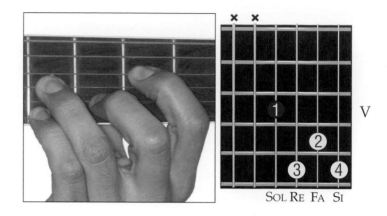

SOL SI RE SOL SI FA

SOL RE FA SI

# G7sus4

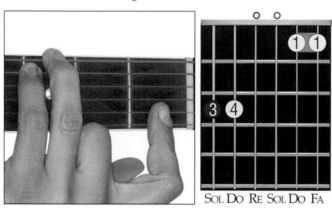

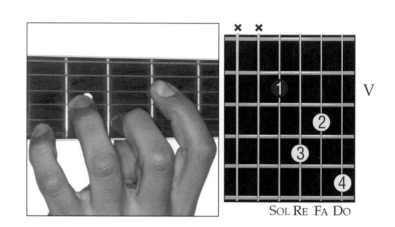

SOL DO RE SOL DO FA

SOL RE FA DO

# G9

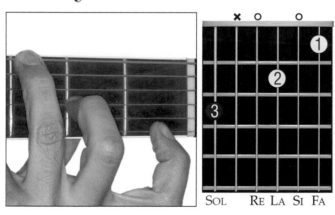

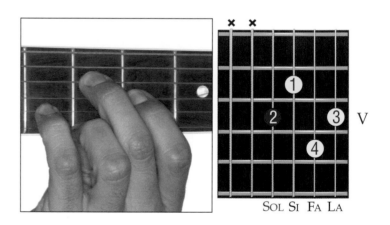

SOL RE LA SI FA

SOL SI FA LA

# G9sus4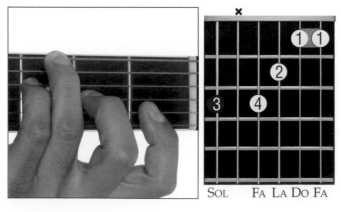

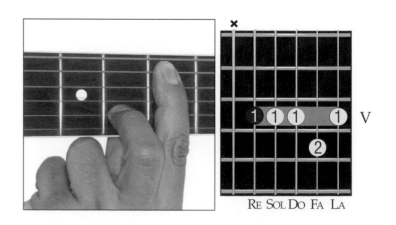

SOL FA LA DO FA

RE SOL DO FA LA

# A♭

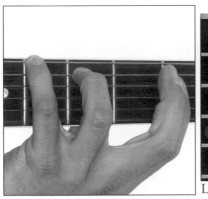
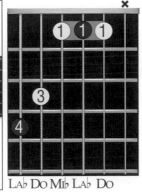

LA♭ DO MI♭ LA♭ DO

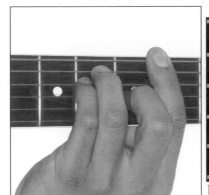
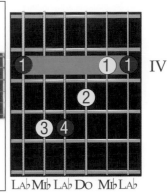

IV

LA♭ MI♭ LA♭ DO MI♭ LA♭

# A♭sus4

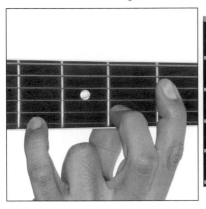
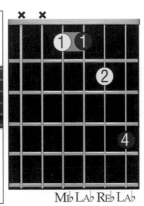

MI♭ LA♭ RE♭ LA♭

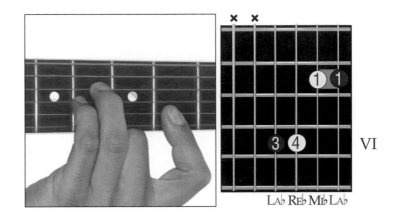

VI

LA♭ RE♭ MI♭ LA♭

# A♭6

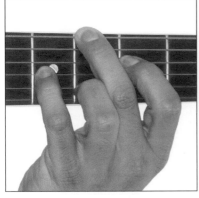
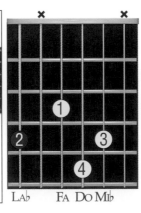

LA♭ FA DO MI♭

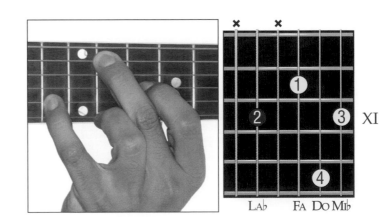

XI

LA♭ FA DO MI♭

# A♭ $^6_9$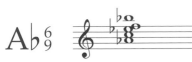

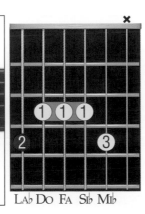

LA♭ DO FA SI♭ MI♭

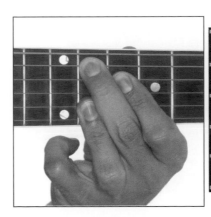
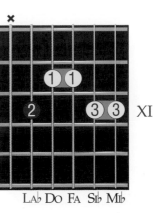

XI

LA♭ DO FA SI♭ MI♭

LA♭
SOL♯

# Abmaj7

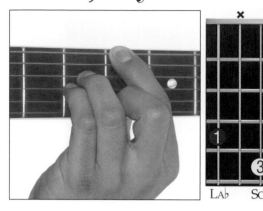

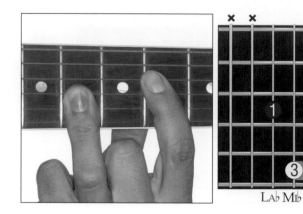

Lab    Sol Do Mib

× × VI

Lab Mib Sol Do

# Abm

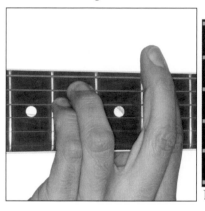

IV

Lab Mib Lab Dob Mib Lab

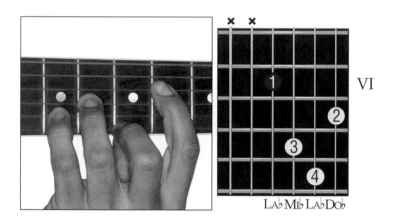

× × VI

Lab Mib Lab Dob

# Abm6

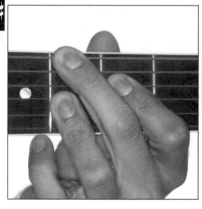

× ×

Lab    Fa Dob Mib

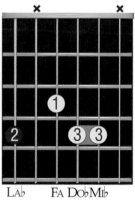

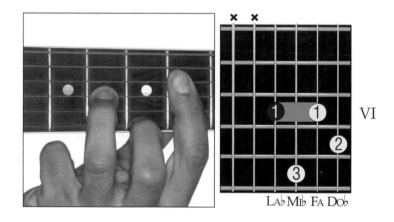

× × VI

Lab Mib Fa Dob

# Abm7

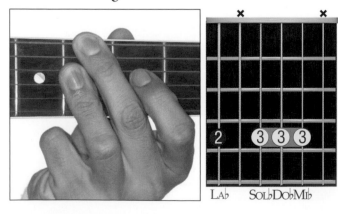

× ×

Lab    Sol Dob Mib

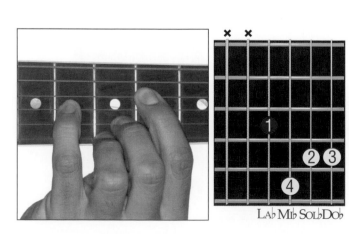

× × VI

Lab Mib Sol Dob

# A♭m(maj7)

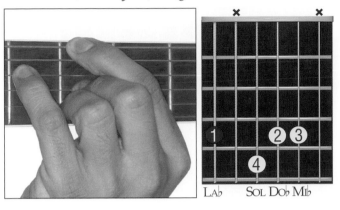

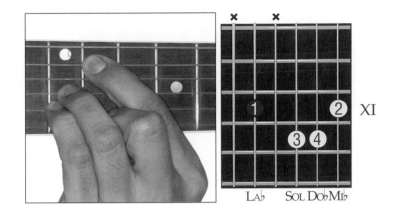

LA♭    SOL DO♭MI♭

XI

# A♭m9

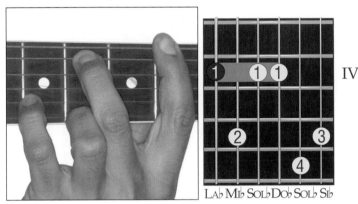

LA♭ MI♭ SOL♭ DO♭ SOL♭ SI♭

IV

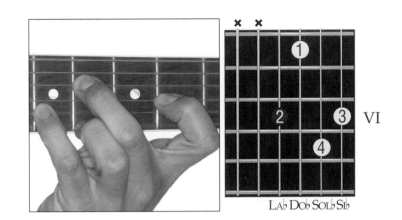

LA♭ DO♭ SOL♭ SI♭

VI

# A♭m7♭5

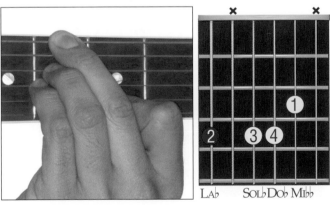

LA♭    SOL♭ DO♭ MI♭♭

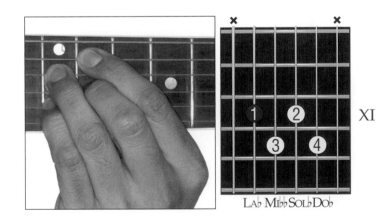

LA♭ MI♭♭ SOL♭ DO♭

XI

# A♭°7

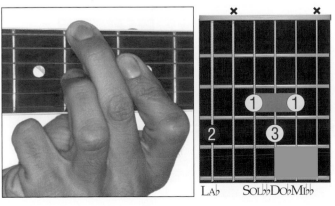

LA♭    SOL♭♭ DO♭ MI♭♭

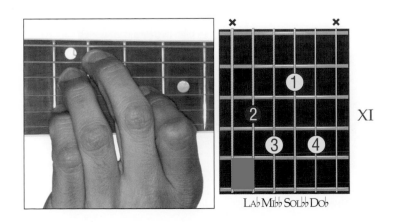

LA♭ MI♭♭ SOL♭♭ DO♭

XI

# A♭7

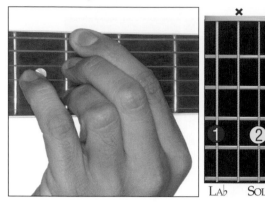 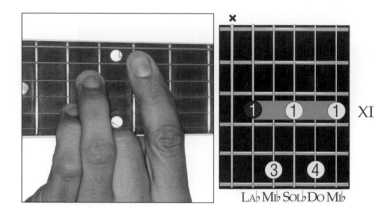

LA♭  SOL♭ DO MI♭

LA♭ MI♭ SOL♭ DO MI♭  XI

# A♭7sus4

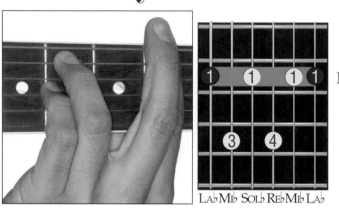 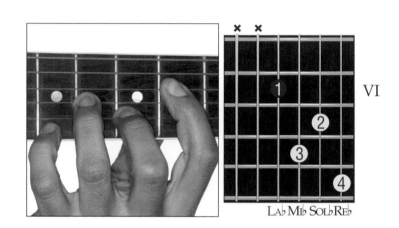

LA♭ MI♭ SOL♭ RE♭ MI♭ LA♭  IV

LA♭ MI♭ SOL♭ RE♭  VI

# A♭9

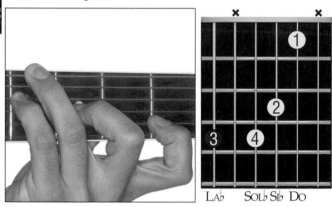 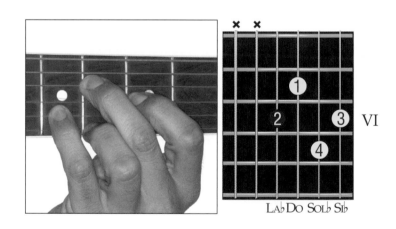

LA♭  SOL♭ SI♭ DO

LA♭ DO SOL♭ SI♭  VI

# A♭9sus4

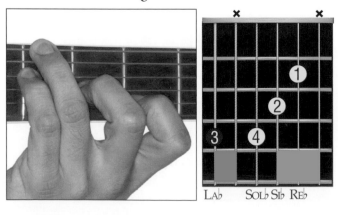 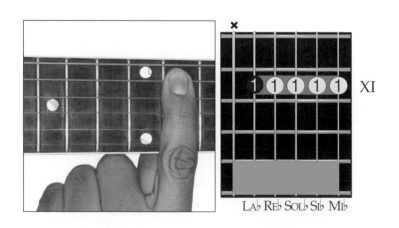

LA♭  SOL♭ SI♭ RE♭

LA♭ RE♭ SOL♭ SI♭ MI♭  XI

## A

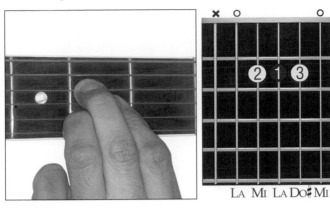
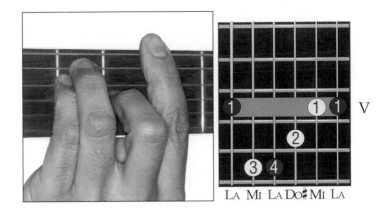

LA MI LA DO♯ MI

LA MI LA DO♯ MI LA

## Asus4

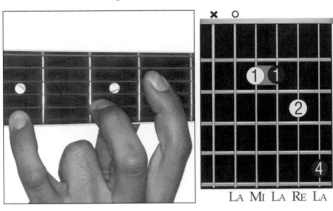
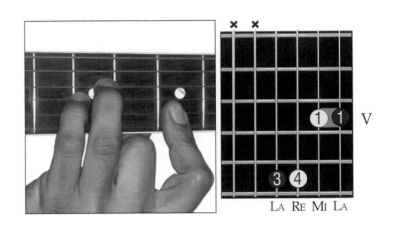

LA MI LA RE LA

LA RE MI LA

## A6

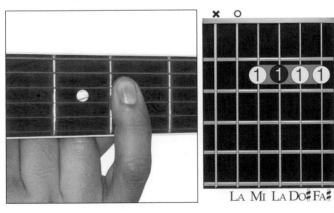
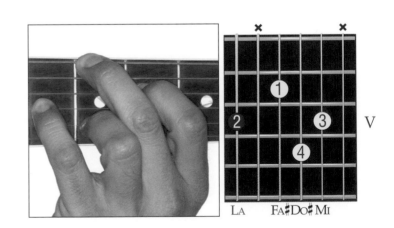

LA MI LA DO♯ FA♯

LA FA♯ DO♯ MI

## A⁶/₉

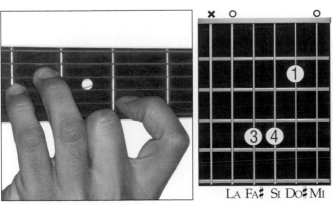
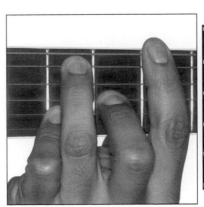
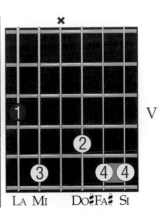

LA FA♯ SI DO♯ MI

LA MI DO♯ FA♯ SI

LA

# Amaj7

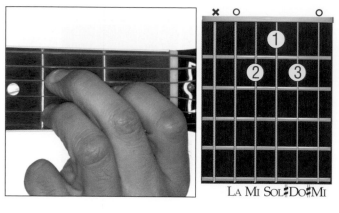

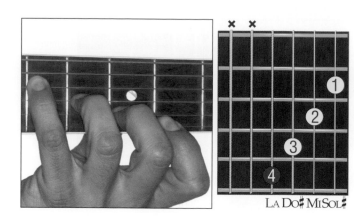

La Mi Sol# Do# Mi

La Do# Mi Sol#

# Am

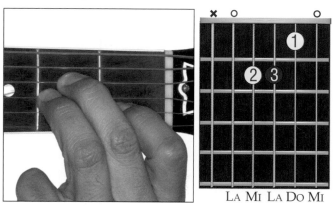

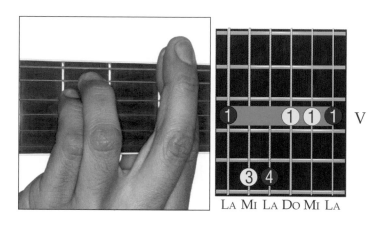

La Mi La Do Mi

La Mi La Do Mi La

# Am6

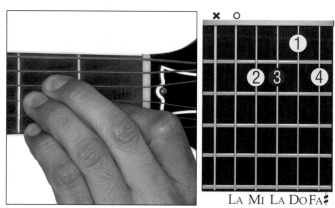

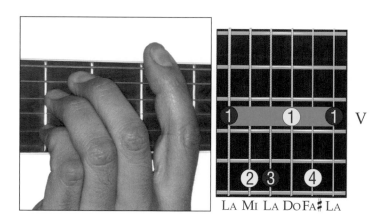

La Mi La Do Fa#

La Mi La Do Fa# La

# Am7

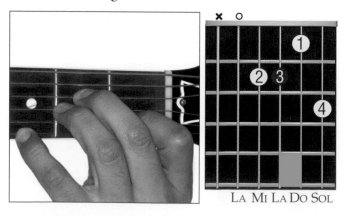

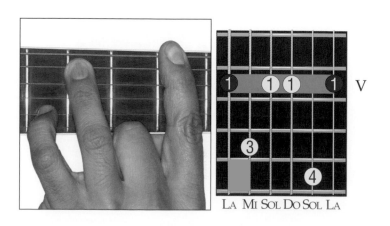

La Mi La Do Sol

La Mi Sol Do Sol La

LA

# Am(maj7)

LA MI SOL# DO MI

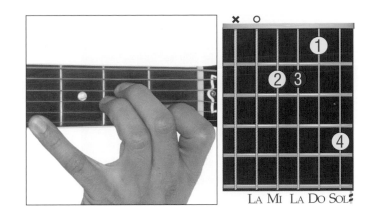

LA MI LA DO SOL#

# Am9

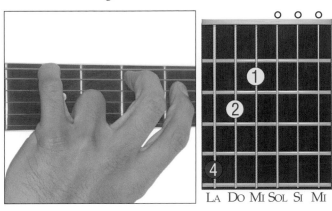

LA DO MI SOL SI MI

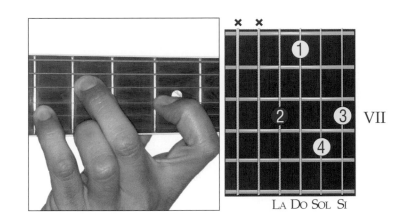

LA DO SOL SI

# Am7♭5 

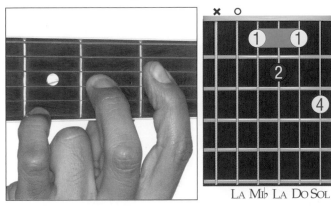

LA MI♭ LA DO SOL

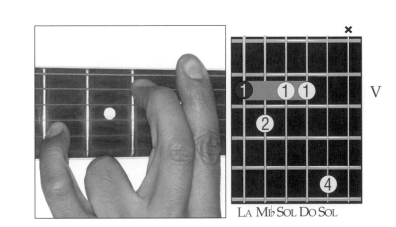

LA MI♭ SOL DO SOL

# A°7

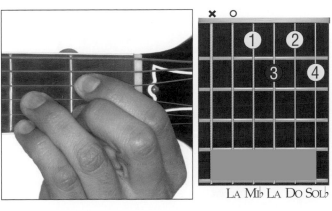

LA MI♭ LA DO SOL♭

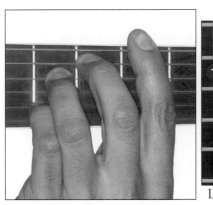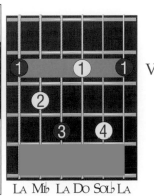

LA MI♭ LA DO SOL♭ LA

# A7

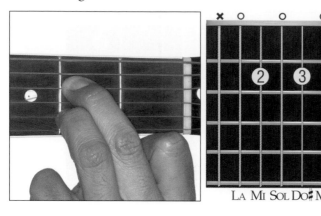

La Mi Sol Do♯ Mi

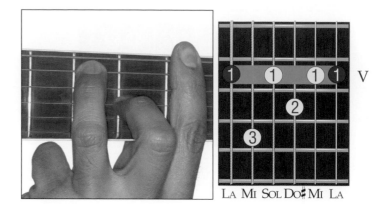

La Mi Sol Do♯ Mi La

V

# A7sus4

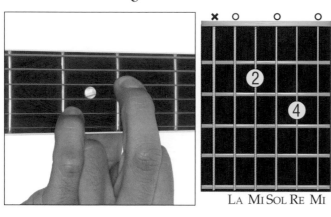

La Mi Sol Re Mi

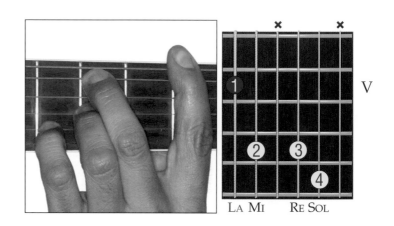

La Mi Re Sol

V

# A9

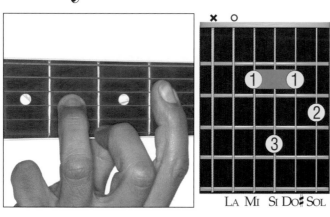

La Mi Si Do♯ Sol

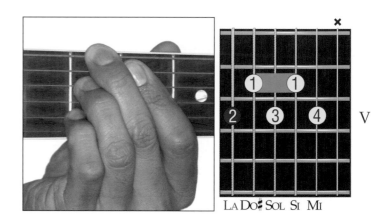

La Do♯ Sol Si Mi

V

# A9sus4

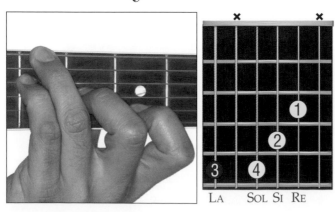

La Sol Si Re

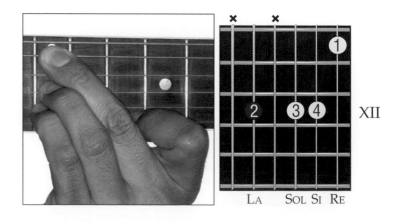

La Sol Si Re

XII

LA

## Bb

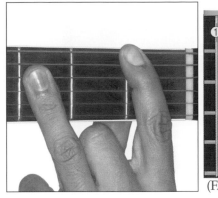

(FA) Sib FA Sib RE FA

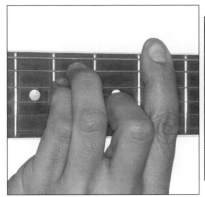
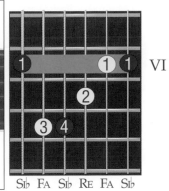

VI

Sib FA Sib RE FA Sib

## Bbsus4

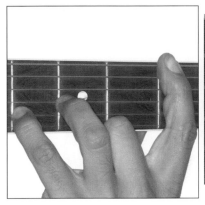
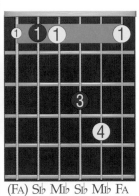

(FA) Sib Mib Sib Mib FA

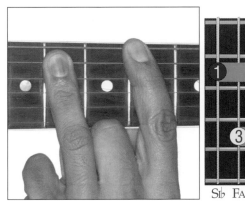
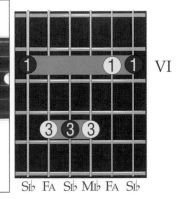

VI

Sib FA Sib Mib FA Sib

## Bb6

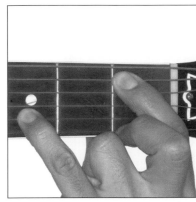
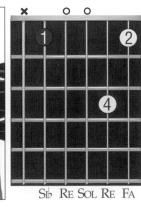

Sib RE SOL RE FA

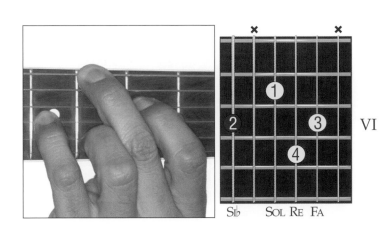

VI

Sib SOL RE FA

## Bb 6/9

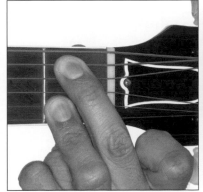
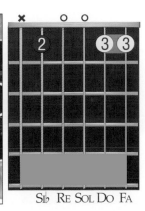

Sib RE SOL DO FA

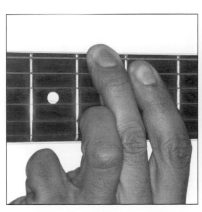
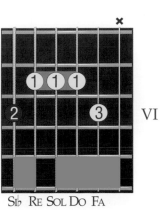

VI

Sib RE SOL DO FA

Sib
LA#

# B♭maj7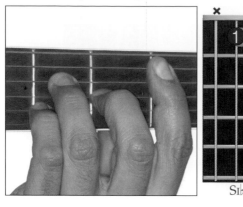

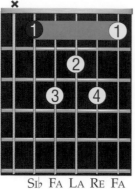 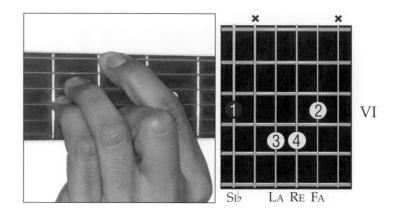

Sɪ♭ Fᴀ Lᴀ Rᴇ Fᴀ          Sɪ♭ Lᴀ Rᴇ Fᴀ          VI

# B♭m

 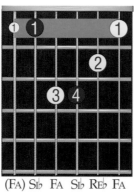 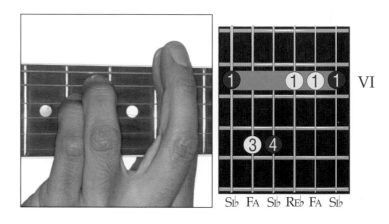

(Fᴀ) Sɪ♭ Fᴀ Sɪ♭ Rᴇ♭ Fᴀ          Sɪ♭ Fᴀ Sɪ♭ Rᴇ♭ Fᴀ Sɪ♭          VI

# B♭m6

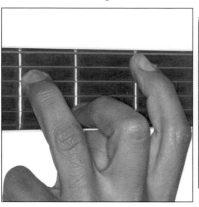 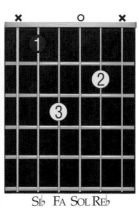 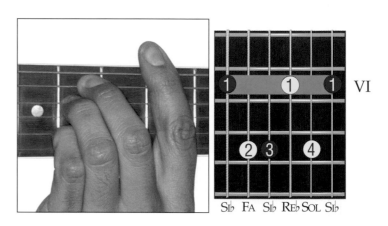

Sɪ♭ Fᴀ Sᴏʟ Rᴇ♭          Sɪ♭ Fᴀ Sɪ♭ Rᴇ♭ Sᴏʟ Sɪ♭          VI

# B♭m7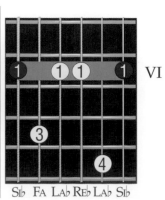

 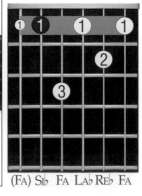 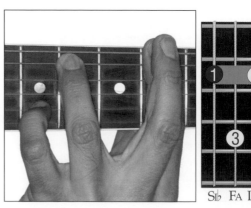

(Fᴀ) Sɪ♭ Fᴀ Lᴀ♭ Rᴇ♭ Fᴀ          Sɪ♭ Fᴀ Lᴀ♭ Rᴇ♭ Lᴀ♭ Sɪ♭          VI

# B♭m(maj7)

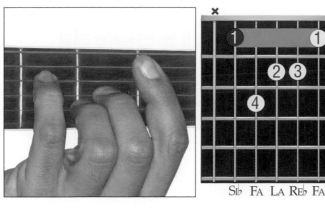

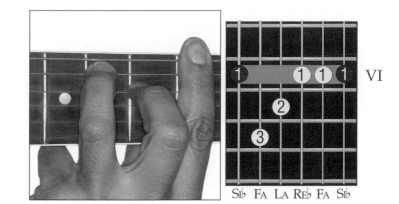

Sib FA LA REb FA

Sib FA LA REb FA Sib

# B♭m9

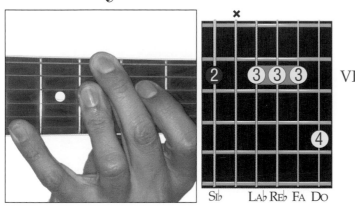

VI

Sib LAb REb FA DO

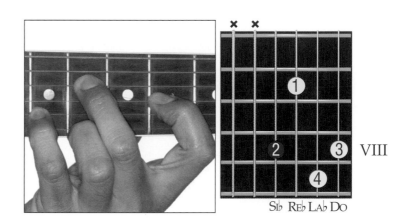

VIII

Sib REb LAb DO

# B♭m7♭5

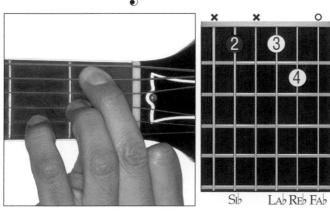

Sib LAb REb FAb

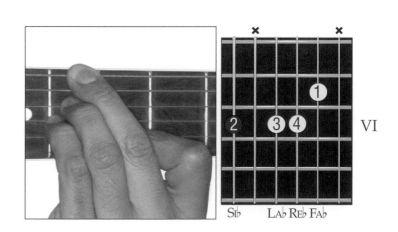

VI

Sib LAb REb FAb

**S♭b**
**LA#**

# B♭°7

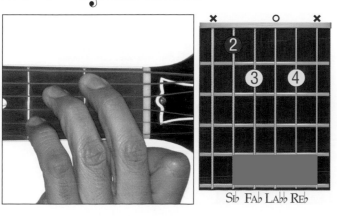

Sib FAb LAbb REb

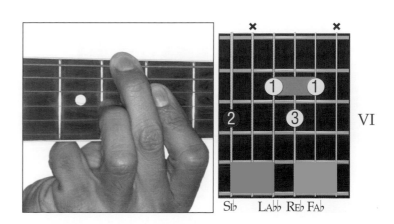

VI

Sib LAbb REb FAb

# Bb7

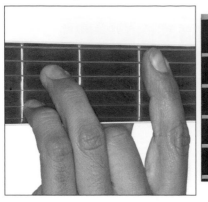
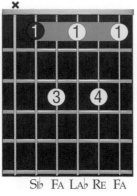

Sib FA Lab RE FA

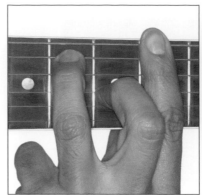
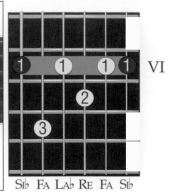

VI

Sib FA Lab RE FA Sib

# Bb7sus4

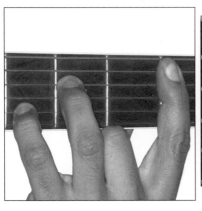
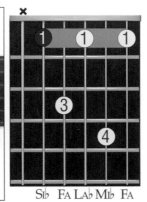

Sib FA Lab Mib FA

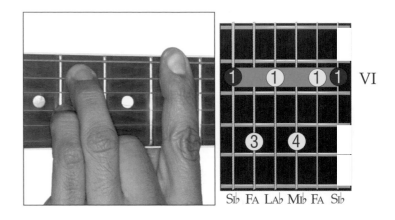

VI

Sib FA Lab Mib FA Sib

# Bb9

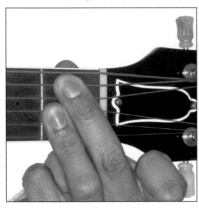

Sib RE Lab DO FA

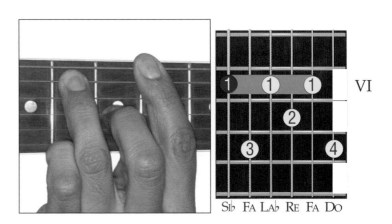

VI

Sib FA Lab RE FA DO

# Bb9sus4

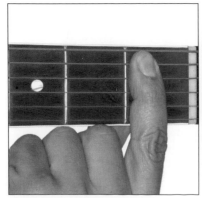
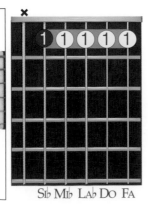

Sib Mib Lab DO FA

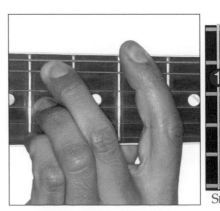
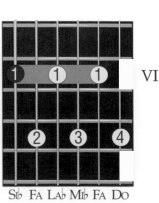

VI

Sib FA Lab Mib FA DO

Sib
LA♯

# B

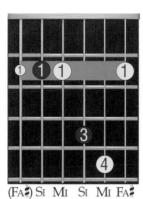
(FA♯) SI FA♯ SI RE♯ FA

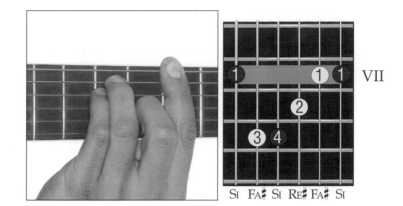
SI FA♯ SI RE♯ FA♯ SI — VII

# Bsus4

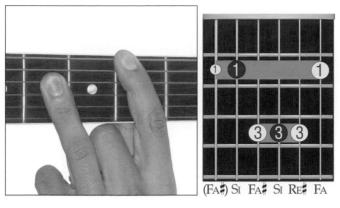
(FA♯) SI MI SI MI FA♯

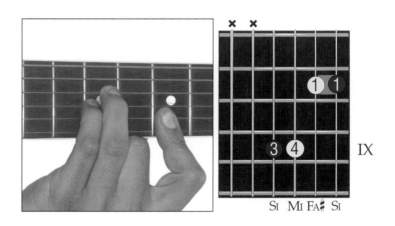
SI MI FA♯ SI — IX

# B6

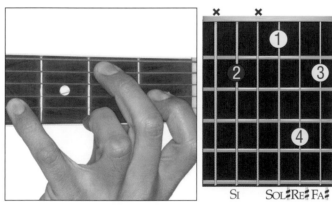
SI SOL♯ RE♯ FA♯

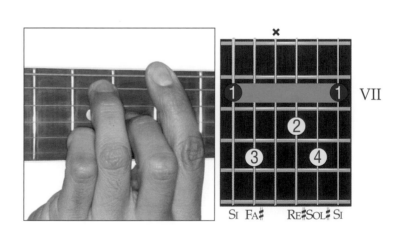
SI FA♯ RE♯ SOL♯ SI — VII

# B 6/9

SI RE♯ SOL♯ DO♯ FA♯

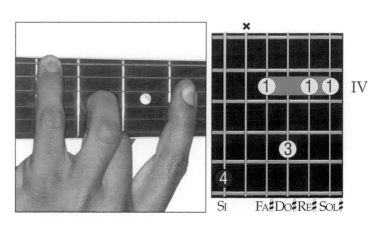
SI FA♯ DO♯ RE♯ SOL♯ — IV

SI

# Bmaj7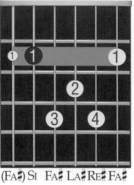

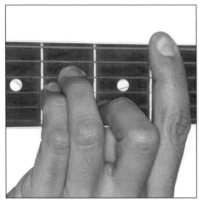

(FA♯) SI FA♯ LA♯ RE♯ FA♯

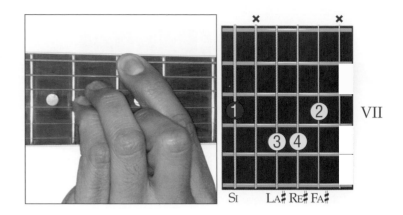

SI   LA♯ RE♯ FA♯     VII

# Bm

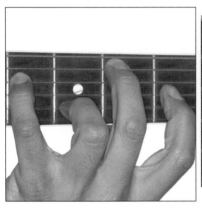
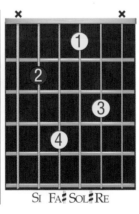

(FA♯) SI FA♯ SI RE FA♯

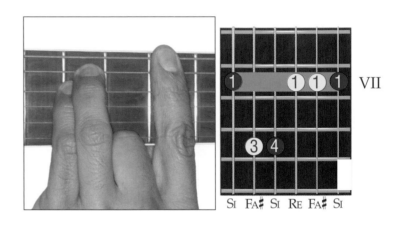

SI FA♯ SI RE FA♯ SI     VII

# Bm6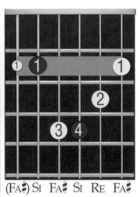

SI FA♯ SOL♯ RE

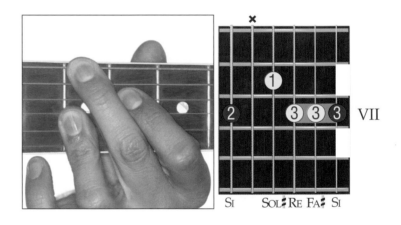

SI   SOL♯ RE FA♯ SI     VII

SI

# Bm7

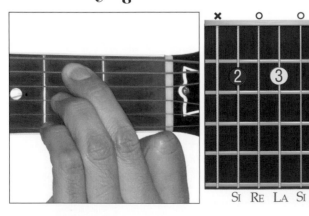

SI RE LA SI FA♯

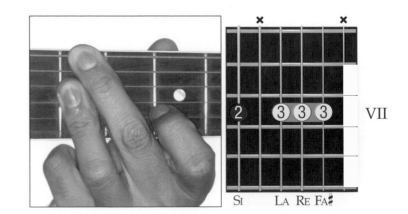

SI   LA RE FA♯     VII

# Bm(maj7)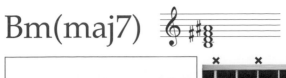

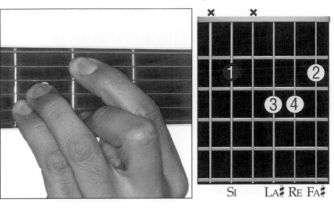

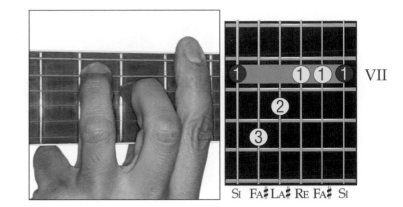

SI  LA♯ RE FA♯

SI FA♯LA♯ RE FA♯ SI — VII

# Bm9

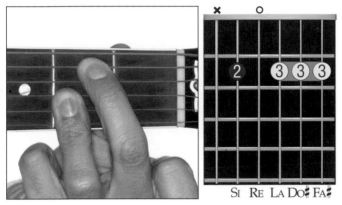

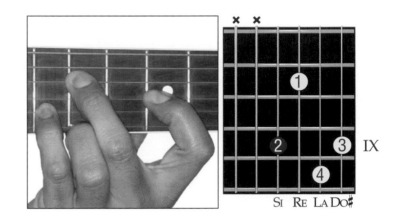

SI  RE LA DO♯ FA♯

SI RE LA DO♯ — IX

# Bm7♭5

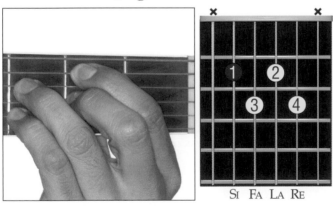

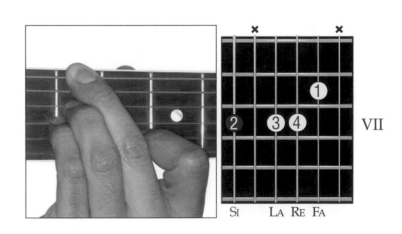

SI  FA  LA  RE

SI  LA RE FA — VII

# B°7

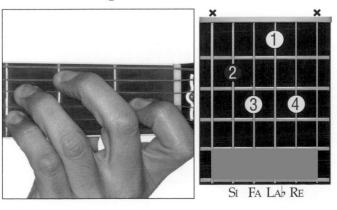

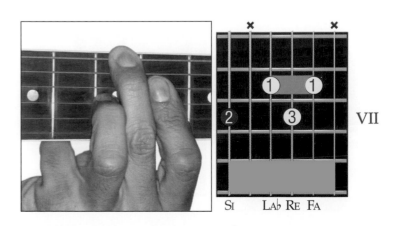

SI  FA  LA♭ RE

SI  LA♭ RE FA — VII

SI

# B7

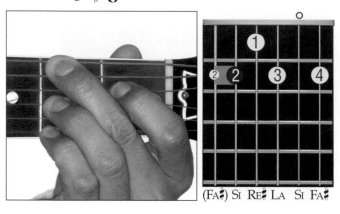

(FA♯) SI RE♯ LA SI FA♯

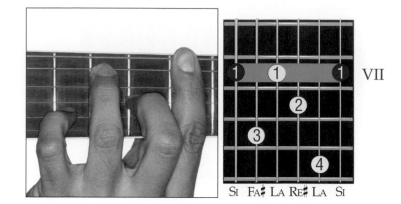

SI FA♯ LA RE♯ LA SI — VII

# B7sus4

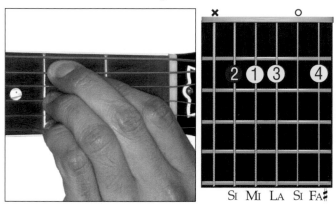

SI MI LA SI FA♯

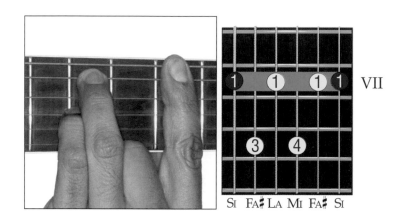

SI FA♯ LA MI FA♯ SI — VII

# B9

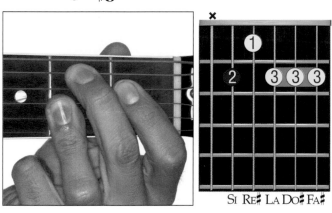

SI RE♯ LA DO♯ FA♯

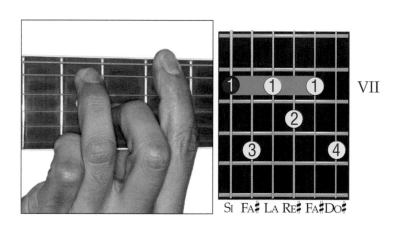

SI FA♯ LA RE♯ FA♯ DO♯ — VII

# B9sus4

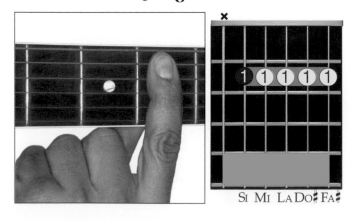

SI MI LA DO♯ FA♯

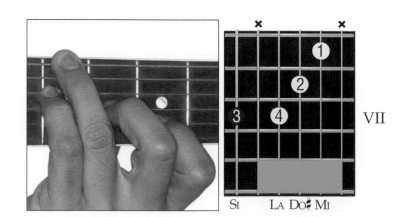

SI LA DO♯ MI — VII

Si

# mayor

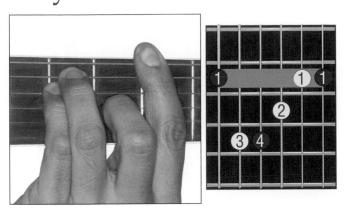

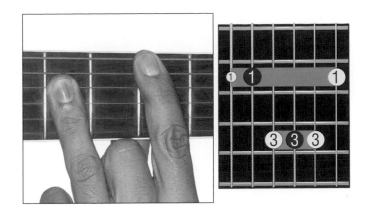

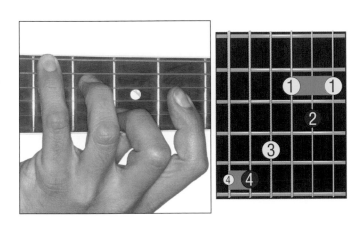

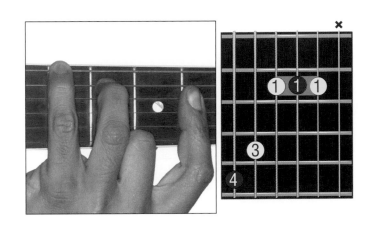

# sus4

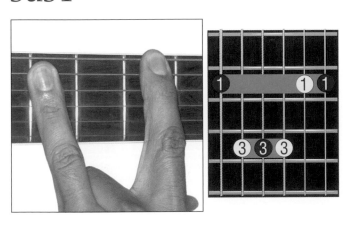

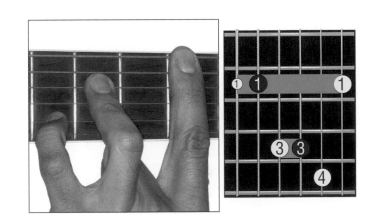

# 6

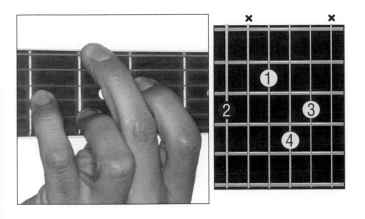

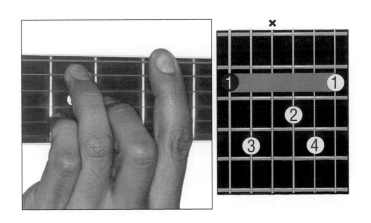

# 6 (cont.)

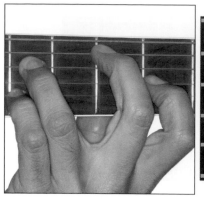
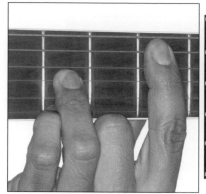

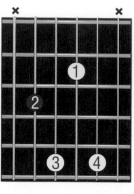
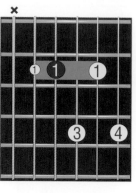

$\frac{6}{9}$

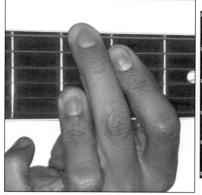
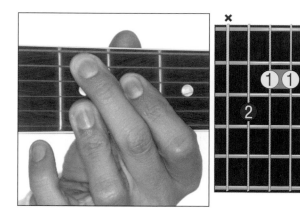

# maj7

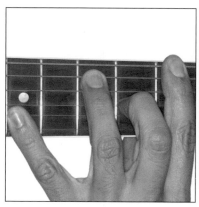
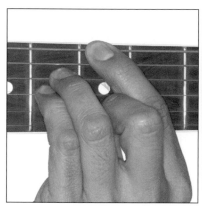

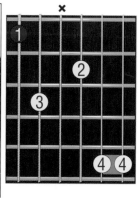
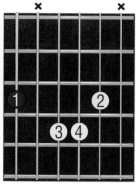

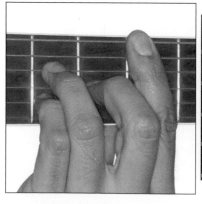

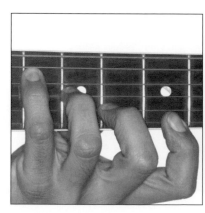
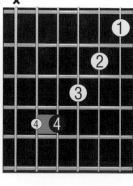

# menor

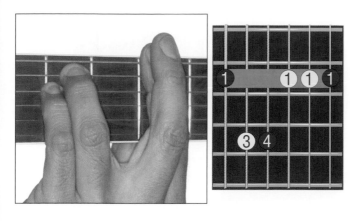
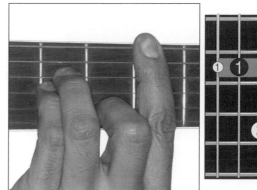

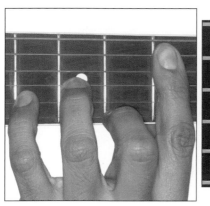
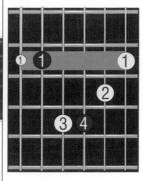

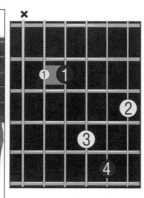
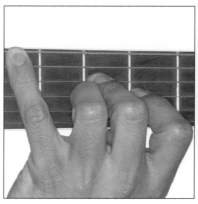
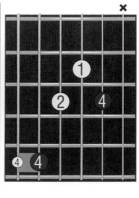

# m6

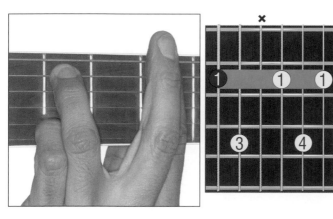
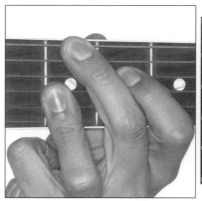

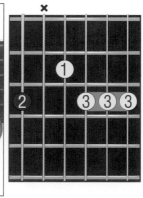

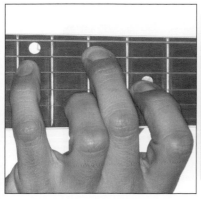
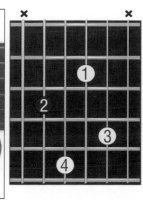
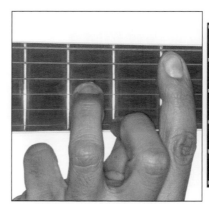
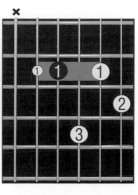

# m7

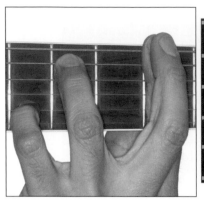 

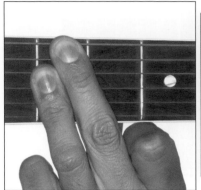 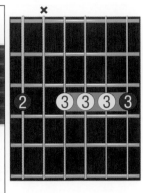

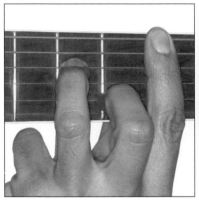 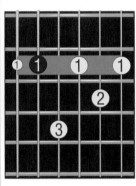

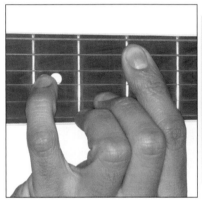 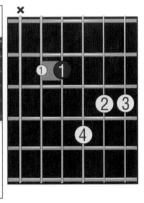

# m(maj7)

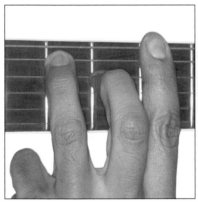 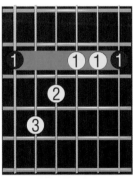

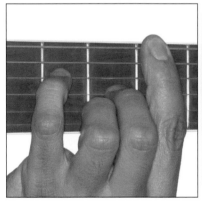 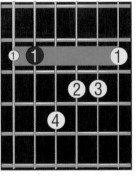

 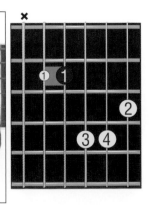

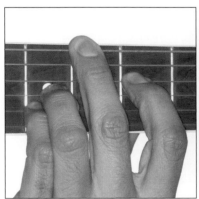 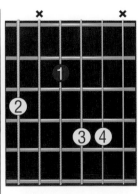

# m9

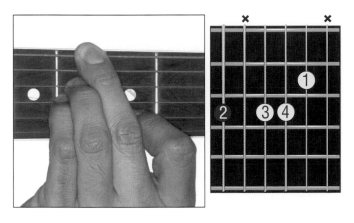

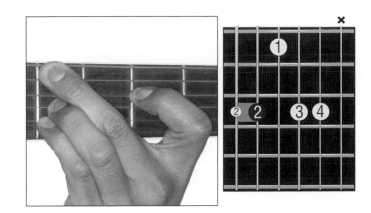

# m7♭5

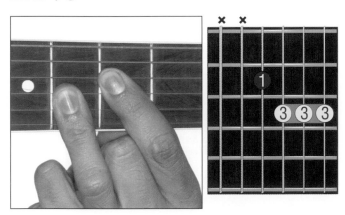

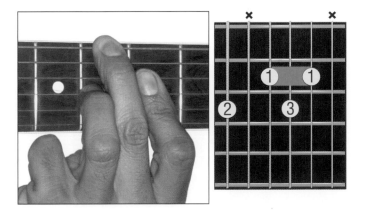

# m7♭5

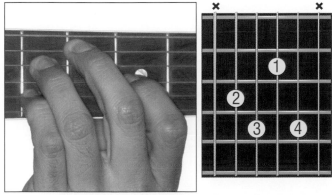

# °7 *

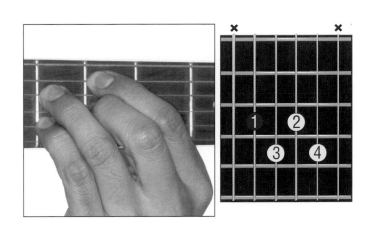

# °7 *

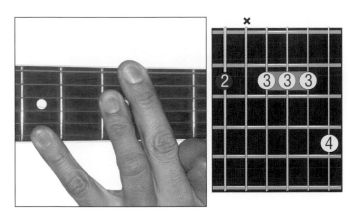

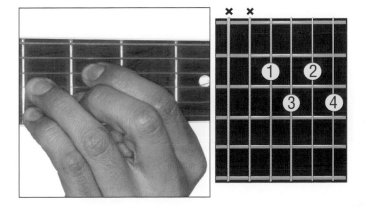

*Cualquier nota del acorde puede ser la tónica de °7.*

# 7

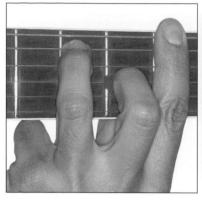 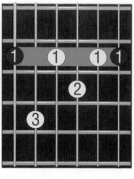  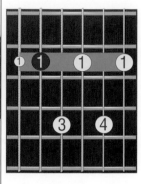

# 7sus4

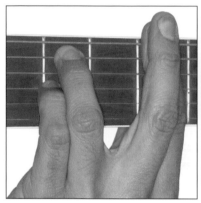 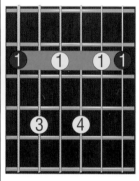 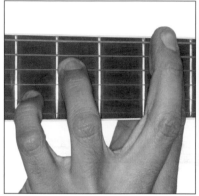 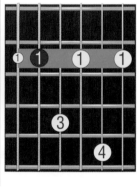

# 9

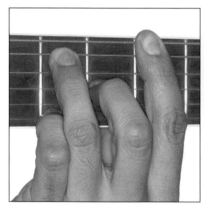 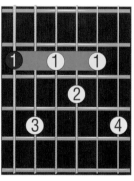 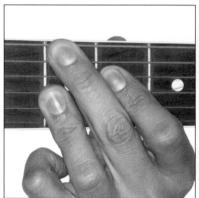 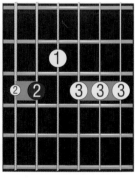

# 9sus4

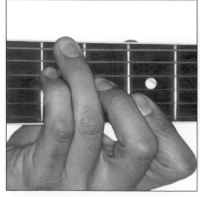 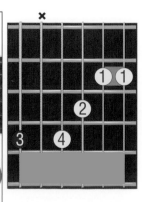 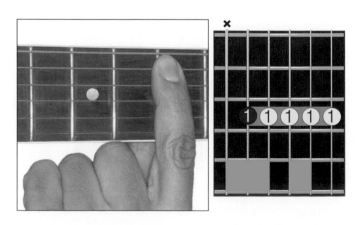